독일제국의 탄생

1871년 베르사유에서 새로운 제국이 선포되기까지

독일제국의 탄생

초판 1쇄 인쇄 · 2025년 10월 10일
초판 1쇄 발행 · 2025년 10월 20일

지은이 · 김장수
펴낸이 · 한봉숙
펴낸곳 · 푸른사상사

주간 · 맹문재 | 편집 · 지순이 | 교정 · 김수란
등록 · 1999년 7월 8일 제2-2876호
주소 · 경기도 파주시 회동길 337-16(서패동 470-6)
대표전화 · 031) 955-9111~2 | 팩시밀리 · 031) 955-9114
이메일 · prun21c@hanmail.net
홈페이지 · http://www.prun21c.com

ⓒ 김장수, 2025

ISBN 979-11-308-2331-7 93920
값 24,000원

저자와의 합의에 의해 인지는 생략합니다.
이 도서의 전부 또는 일부 내용을 재사용하려면 사전에 저작권자와 푸른사상사의 서면에 의한 동의를 받아야 합니다.
이 도서의 표지 및 본문 디자인에 대한 권리는 푸른사상사에 있습니다.

서양
근대사
총서 10

Die Entstehung des Deutschen Kaiserreiches

독일제국의 탄생

1871년 베르사유에서 새로운 제국이 선포되기까지

김장수

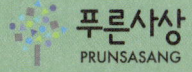

■ 책머리에

　오토 대제 이후 약 천 년 동안 국가의 명맥을 유지하던 신성로마제국은 1806년 10월 14일 예나-아우어슈테트 전투에서 나폴레옹군에 격파됨에 따라 역사의 뒤안길로 사라졌다. 이후 제국의 영토는 나폴레옹의 보호국이 된 라인연방, 호엔촐레른의 프로이센, 그리고 합스부르크의 오스트리아로 분할되었다. 1815년 빈 회의 결정에 따라 등장한 독일연방은 독일 민족의 기대와 달리 35개의 대소 국가와 4개의 자유시(Freistadt)로 구성된 엉성한 정치 체제여서 독일의 지식인 계층과 대학생들의 불만을 샀다.

　1830년 프랑스에서 발생한 7월혁명의 영향으로 통일의 필요성은 독일인의 관심사로 대두되었고, 1848년 3월 혁명 이후에는 독일 전역에서 통일을 실현하기 위한 시위까지 일어났다. 1848년 5월 18일 프랑크푸르트의 성 파울 교회에서 활동을 시작한 국민의회의 주된 과제는 독일연방을 하나의 통일국가로 변형시키는 것이었다. 그러나 역사적으로 형성된 개별 영방국가를 그대로 둔 채 강력한 중앙 권력을 창출한다는 것은 쉬운 일이 아니었고 통일 방안에 대한 의원들의 의견 역시 일치되지 않았다. 당시 국민의회에서 제시된 독일 통일 방안은 대독일주의와 소독일주의였다.

대독일주의는 독일연방에 가입한 국가들을 통일 독일에 포함해야 한다는 것이고, 소독일주의는 프로이센 주도로 독일 통일을 구현해야 하고 그 과정에서 오스트리아를 배제해야 한다는 것이다. 시기적으로 먼저 제시된 대독일주의는 오스트리아가 반대함에 따라 채택되지 못했고, 소독일주의 역시 오스트리아의 반대와 프로이센의 소극적인 자세로 실현되지 못했다.

당시 오스트리아는 자국 영역 모두가 통일독일에 포함되야 한다는 입장이었기에 통일보다는 연방 체제를 선호했다. 결국 3월혁명 기간 중 제시된 독일 통합안은 이해 당사국인 프로이센과 오스트리아의 반대로 실현되지 못했다. 이것을 통해 독일 통일을 평화적 방법으로 구현한다는 것이 당시 상황에서 매우 어렵다는 것도 입증되었다. 그러다가 1850년대부터 일부 정치가들, 특히 보수주의 성향의 정치가들이 독일 통일을 다시 거론했는데 거기서는 평화적 방법보다 무력을 통해 통일을 구현해야 한다는 의견이 강하게 제기되었다. 이러한 주장은 주로 프로이센의 정치가들로부터 제시되었다.

1861년 프로이센의 빌헬름 1세가 군비 증강 문제로 의회와 대립하면서 실세로 등장한 비스마르크는 독일 통일 실현을 추진하기 시작했다. 이 책에서는 통일전쟁의 시발점이 된 덴마크 전쟁의 진행 과정과 결과 및 후유증, 그리고 이후 독일 통일의 걸림돌로 등장한 외부 세력, 특히 오스트리아와 프랑스와의 전쟁도 구체적으로 다루도록 한다. 아울러 통일전쟁 이후 등장한 독일제국에 대해서도 간단히 언급하도록 하겠다.

  어려운 여건에도 불구하고 이 책의 출간을 기꺼이 허락하신 푸른사상사 한봉숙 대표님과 출판사 관계자 여러분께 이 자리를 빌려 감사의 말씀을 드린다.

2025년 10월
김장수

■ 차례

■ 책머리에 5

제1장 독일권 통일을 둘러싼 갈등

1. 프랑크푸르트 국민의회 13
2. 대독일주의와 소독일주의 19
3. 에르푸르트 연합의회 22
4. 슈바르첸베르크의 반격 33
5. 올뮈츠 굴욕 38

제2장 비스마르크의 등판과 덴마크 전쟁

1. 비스마르크의 등판 45
2. 덴마크 전쟁 71
3. 프로이센의 야심 86

제3장 형제전쟁

1. 프로이센과 오스트리아의 대립 93
2. 바트 가슈타인 협정 96
3. 프로이센-이탈리아 비밀 군사동맹 103
4. 형제전쟁 107
5. 북독일연방의 탄생 135
6. 오스트리아-헝가리 제국의 출범 146

제4장 프랑스와의 전쟁

1. 룩셈부르크 대공국 문제 159
2. 프랑스의 대응 162
3. 에스파냐 왕위 계승 169
4. 엠스로부터의 전보 176
5. 프로이센-프랑스 전쟁 183

제5장 독일제국의 탄생

1. 독일제국의 준비 과정   209
2. 독일제국의 탄생   214

- ■ 마무리하면서 223
- ■ 참고문헌 231
- ■ 찾아보기 237

제1장

독일권 통일을 둘러싼 갈등

독일권 통일을 둘러싼 갈등

1. 프랑크푸르트 국민의회

    1848년 3월혁명으로 독일연방의회의 기능이 사실상 정지된 후 활동을 개시한 프랑크푸르트 예비의회는 4월 3일까지 개최되었다. 예비의회는 독일 민족 전체를 대표하는 최초의 대의기구로서 독일 전역에서 온 574명의 대표자가 이끌게 되었다. 그 대표자는 영방국가[1] 의회의 의원 중에서 선출되었다. 예비의회는 매우 이질적으로 구성되었기 때문에 민주주의적 관점에서 강조되던 대표성은 없었는데, 그것은 남서부 독일 출신이 의외로 많았다는 데서 확인할 수 있다. 활동을 개시하면서 프랑크푸르트 예비의회는 예비의회 의원들로 구성된 50인 위원회에 헌법 초안

---

[1] 13세기에 독일 황제권이 약화하자 봉건제후들이 지방 국가를 세웠는데, 이를 지칭하여 영방국가라 한다. 30년전쟁(1618~1648)이 끝난 후 독일에는 약 2,000개의 영방국가가 있었고, 나폴레옹 점령 후에는 40여 개로 정리되어 1871년 독일제국이 등장할 때까지 그 숫자가 유지되었다.

작성 임무를 위임했다. 50인 위원회는 일종의 과도 기구로서 국민의회의 개원을 준비하고, 독일연방 회원국 정부들과 협력하여 국민의회 의원 선거를 치르는 과제를 부여받았다.

예비의회의 주요 과제는 국민의회의 효율적 활동을 준비하는 것이었다. 활동 직후부터 온건파와 급진파의 갈등이 표출되었지만, 그것을 극복하는 방법은 제시되지 못했다. 수적으로 우세한 온건파는 군소국들이 오스트리아나 프로이센이 주도하는 연방국에 통합되고 이 연방국의 책임내각과 평의회 및 국민의회에도 참여해야 한다고 주장했다.[2] 이어 온건파는 국가의 중앙권력을 외교, 국방, 교역, 관세, 민법 및 형법 등으로 확대했지만, 봉건 체제의 잔재 폐지를 위한 구체적인 조치를 마련하지 않았다. 온건파의 이러한 통일국가 구도에 과격파는 동의하지 않았다.

예비의회에서 온건파와 과격파는 두 가지 점에서 첨예하게 대립했다. 과격파를 주도하던 슈트루베(Gustav Karl Johann v. Struve)는 군주제 폐지와 연방공화국으로의 통합을 요구했으며 상설 국민의회를 구성해야 한다고 강조했다. 이에 반해 가게른(Heinrich v. Gagern)이 이끌던 온건파는 군주제가 유지되어야 하며 국민의회 역시 군주제 원칙에 따라 구성되어야 한다고 했다. 예비의회 내에서 자신들의 목적이 관철될 수 없다고 판단한 급진파 의원 77명은 예비의회를 떠나 4월 12일 콘스탄츠(Konstanz)에서 공화국을 선포했다.

급진파가 떠나자 온건파가 예비의회를 주도하며 국민의회의 소집까지 결정했다. 예비의회가 1848년 4월 3일에 해체된 후 예비의회의 임무

---

[2] 예비의회 참석자의 70%는 온건파, 나머지 30%는 민주주의 좌파, 그중에서도 약 30%는 과격한 공화주의자로 알려졌다.

를 물려받은 50인 위원회는 1848년 4월 4일부터 5월 18일 국민의회가 개원하기 전까지, 즉 43일 동안 존속한 독일연방 의회와 프랑크푸르트 국민의회 사이의 과도 기구로서, 그 임무는 독일연방을 대체할 미래의 통합 독일의 헌법 제정을 논의하고, 국민의회 의원 선거를 차질 없이 준비하는 일이었다.

국민의회 선거는 1848년 4월부터 5월 초까지 시행되었고 같은 달 18일부터 프랑크푸르트의 성 파울 교회(St. Paulkirche)[3]에서 국민의회의 활동이 시작되었다. 프랑크푸르트 국민의회는 독일 민족 전체보다는 자유주의를 지향하던 중산계층을 대변했다. 이러한 특징은 그리 놀랄 일이 아니었는데 그것은 예비의회가 성년이 된 시민들 모두에게 투표권을 부여했음에도 불구하고 여러 영방국가가 '독립적'이라는 조건을 자의적으로 규정한 데서 비롯된 것 같다.

국민의회는 5월 1일에 개원해야 했지만, 많은 국가에서 이날 또는 더 나중에 의원 선거가 시행되었고, 결과가 나오려면 또 며칠을 기다려야만 했다. 전체적인 선거 참여율은 유권자의 40%~70%로 추정되었다. 5만 명의 주민당 1명의 의원을 선출한다는 원칙에 독일연방의 명부와 옛 인구 통계를 대입하면, 총 649명의 의원이 있어야 했다. 그러나 체코인이 다수를 차지하던 보헤미아와 모라비아의 선거구들은 국민의회 의원 선거를 거부했기 때문에 결국 585명의 의원만이 선출되었다. 이렇게 선출된 585명의 의원 대다수는 중산계급 출신이었다.[4] 이들의 95%가 대학

---

3 1833년에 헌당식을 거행한 성 파울 교회가 국민의회의 활동 장소로 선택된 것은 이 교회가 당시 프랑크푸르트에서 실내 공간이 가장 넓었기 때문인 것 같다. 이후 성 파울 교회는 국민의회가 활동하기 적합한 장소로 개축되었다.

4 많은 의원이 개별 영방국가의 의원직이나 정부 관료직을 겸직했기 때문에, 보통

프랑크푸르트 국민의회 개원식

프랑크푸르트에는 400~450명의 의원이 머물렀다. 중요한 표결이 있을 때는 540명의 의원이 나타나 표를 행사하곤 했다.

입학 자격시험인 아비투어(Abitur)를 응시했고, 최소 81.7%가 대학을 졸업했으며, 그중 절반은 법학을 전공했다. 국민의회의 의원 상당수는 학우회(Corps) 또는 부르셴샤프트(Burschenschaft)[5] 출신이었다. 직업상으로는 국가공무원이 과반수였으며, 여기에 속하는 436명의 의원 중 49명은 대학교수, 49명은 인문계 고등학교 교사(Gymnasiallehrer), 30명은 일반 교사, 110명은 판사와 검사, 152명은 고위 또는 일반 공무원과 군 지도자, 11명은 외교관 출신이었는데 이들 중의 상당수는 박사학위도 취득했다. 국민의회 의원으로 선출된 공무원들은 사임하지 않아도 되었다. 다만 이들이 국민의회 의원으로 활동할 때 일시적으로 휴직할 수 있었는데 이때에도 이들은 정부로부터 평상시의 봉급을 받았기 때문에 경제적으로 어려움을 겪지 않았다. 그러나 자유업에 종사한 의원들은 프랑크푸르트 국민의회에서 봉급을 받지 않았기 때문에 그들의 경제 능력에 따라 국민의회 활동이 결정되기도 했다. 실제로 다수의 국민의회 의원은 국민의회의 활동이 그리 길지 않을 것이라고 예상하고 있었다.

 본래 예정했던 것보다 17일이나 늦은 1848년 5월 18일, 군대가 경례하는 가운데 두 개의 흑-적-금색 깃발이 내걸리고 군중의 축하 박수를 받으면서 330명의 의원이 뢰머(Römer) 광장에서 성 파울 교회까지 행렬

---

[5] 대학생 학우회로 번역되는 부르셴샤프트는 1815년 6월 12일 예나대학에서 최초로 결성되었다. 그들의 목표는 독일의 통합을 실현하고 자유주의 원칙들을 실제 정치에 반영하는 것이었다. 메테르니히를 비롯한 독일권의 위정자들은 학생들의 행위를 공공질서 및 국가 체제에 대한 정면 도전으로 보고 부르셴샤프트를 불법단체로 간주하고 관계자들을 처벌하기도 했다. 1860년대 초부터 독일 통일의 주역으로 활동한 비스마르크 역시 부르셴샤프트에 관심을 보였지만, 부르셴샤프트에 가입하면 판사, 관료, 그리고 외교관으로서 활동할 수 없음을 깨닫고 2개월 만에 부르셴샤프트와의 관계를 완전히 단절했다.

을 이루어 이동하는 축하 행사가 끝난 후, 국민의회는 프랑크푸르트 황제 홀에서 개원했다. 1848년 5월 19일 의장으로 선출된 가게른은 축사에서 국민의회가 국민주권 원칙에 따라 헌법제정권을 제한 없이 행사할 것인가, 아니면 이 과제가 영방국가들과의 타협을 통해 이루어져야 하는지에 관한, 논란이 될 수밖에 없는 핵심 사안들을 언급했다.[6] 여기서 그는 문제 해결을 위한 절충적 해법도 제시했다. 당시 프랑크푸르트 국민의회 의원들은 특수 정당이나 집단적 정치적 신념에 대한 충성을 공개적으로 밝히지 않았다. 정치적 성향으로 볼 때, 절반 내지 2/3가 자유주의적이었고, 좌우 급진파는 15%에 불과했다.

활동을 시작한 프랑크푸르트 국민의회의 최대 목표는 독일연방을 하나의 통일국가로 변형시키는 것이었다. 그러나 역사적으로 형성된 개별 영방국가를 그대로 둔 채 강력한 중앙권력을 창출한다는 것은 쉬운 일이 아니었고 통일 방안에 대한 의원들의 의견 역시 일치되지 않았다. 따라서 국민의회는 독일 통일 방안을 구체화하기 위해 당시 독일권에서 결정적 영향력을 행사하던 프로이센과 오스트리아의 동의를 얻어 중앙정부를 구성하려고 했다. 그러나 이들 국가와의 협상이 교착 상태에 빠짐에 따라 국민의회는 당시 의장이었던 가게른의 강력한 요구로 독자적 활동

---

[6] 의장으로 선출된 가게른이 5월 29일 국민의회 총회에서 통과시킨 의사규칙에 따라 같은 날 한 명의 의장과 두 명의 부의장이 선출되었다. 의사규칙에는 4주마다 의장과 부의장의 재선거를 실시해야 한다고 명시되었는데, 이는 몰(Moritz v. Mohl)이 고안한 방안이었고, 의장석은 누구에게나 개방되었다. 의장은 원내 규칙을 올바르게 유지하고, 의사진행 절차에 따라 의회를 이끌어야 했다. 6월 29일에 재선출된 가게른은 1848년 12월 16일까지 의장직을 수행했다. 가게른은 의장으로 선출된 직후, 즉 5월 31일 헤센 정부의 장관직을 사임했는데 이것은 국민의회 의장직에 전념하기 위해서였다.

을 개시했고 제국 섭정을 선출하는 작업에도 착수했다.

　프랑크푸르트 국민의회 의장의 임기는 1개월에 불과했기 때문에 이것은 국민의회의 효율적 운영에 걸림돌이 되었다. 이러한 제도적 문제점에도 불구하고 가게른은 7회 연속 의장으로 선출되었기 때문에 국민의회는 비교적 원활히 운영되었다.

　국민의회는 6월 28일 450 대 100의 찬성으로 '독일 임시 중앙권력 도입에 관한 제국법'을 가결했다. 이 법에 따라 국민의회 의원 중 한 명이 새롭게 구성된 임시제국 정부 대표, 즉 제국 섭정으로 선출되어야 했다. 다음 날 오스트리아 제국 황제 페르디난트 1세(Ferdinand I, 1835~1848)의 동생인 요한(Erzherzog v. Johann) 대공이 후보로 지명되었고, 6월 28일에 시행된 투표에서 그는 436명의 지지로 제국 섭정으로 선출되었다. 몇 년 전인 1842년 9월, 쾰른 대성당의 완공을 경축하기 위한 축제가 열려 그 자리에 프리드리히 빌헬름 4세, 메테르니히, 그리고 요한 대공이 참석한 적이 있다. 그때 요한 대공은 "프로이센, 오스트리아, 그리고 독일어를 사용하는 그 밖의 지역이 하나가 된다면 이 국가는 산의 돌처럼 강해질 것이다."라는 연설을 했다. 그런데 이 발언은 언론에서 "더는 프로이센과 오스트리아는 없다. 산처럼 강한 독일만이 있을 뿐이다."라고 보도되었고, 그 덕분으로 요한 대공이 제국 섭정으로 선출되었다는 주장이 제기되기도 했다.

2. 대독일주의와 소독일주의

　당시 독일인들은 유럽 열강의 동의 없이는 독일 통일 역시 불가능하다는 사실을 인지하고 있었다. 실제로 이후의 역사에서 확인되듯이, 독일 통일은 유럽 열강 간의 합의 또는 힘의 공백기에서나 가능했다. 그런데도 프랑크푸르트 국민의회는 국제적 상황을 고려하지 않은 채 통일 독일국가의 기본 체제를 심의하기 시작했다. 통일 방안을 논의하는 과정에서 의견을 달리하는 집단이 형성되었는데, 소독일주의파(Kleindeutsch)와 대독일주의파(Großdeutsch)가 바로 그것이었다. 통일 논의에서 대독일주의가 소독일주의보다 먼저 거론되었다.

대독일주의는 3월혁명 이전부터 통일 방안으로 거론되었는데, 중부 유럽 여러 민족이 지향한 통일 방안과 비교할 때 유리한 조건을 갖추고 있었다. 왜냐하면 기존의 연방 체제를 연방국으로 변형시킨다면 당시 국제법에서 허용되던 테두리 내에서도 가능했기 때문이다. 실제로 독일연방에 속한 오스트리아 제국의 보헤미아, 모라비아, 아우슈비츠, 차토르,[7] 슐레지엔 지방을 대독일주의 원칙에 따라 통합 독일에 편입하는 것은 당시 강조되던 '정통성의 원칙'에도 위배되지 않았다. 따라서 그것에 대한 외부로부터의 개입 역시 없으리라는 것이 독일권에 널리 퍼져 있던 일반적 견해였다. 이러한 시점에서 대독일주의를 선도했던 프라일리그라트(Ferdinand Freiligrath)와 그의 추종자들은 오스트리아, 프로이센, 그리고 대표적 중소국가들의 위정자들이 독일 통일에 적극적으로 나서야 한다는 견해를 밝혔다.

대독일주의 추종자들은 독일 민족, 이탈리아 민족, 폴란드 민족, 그리고 헝가리 민족만이 민족국가를 형성할 수 있다고 주장했다. 이론적 단계에서 살펴볼 때, 이러한 구상은 당시 널리 확산된 민족주의 개념에서

---

[7] 차토르(Zator) 대공국은 1445년 아우슈비츠 대공국으로부터 분리되었다.

비롯되었다는 것과 한 영토의 소유는 그곳에 사는 민족에게 있다는 원칙론에서 출발했음을 확인할 수 있다. 따라서 대독일주의 추종자들은 독일연방 내 슬라브 민족에게 민족적 충성을 요구했는데, 그것은 이들이 독일 민족과 체코 민족, 슬로베니아 민족 그리고 우크라이나 민족과의 관계를 프랑스 민족과 프랑스에 살던 브르타뉴인, 프로방스인, 그리고 알자스인들과의 관계와 동일시한 데서 나온 것 같다. 아울러 이들은 체코 민족, 슬로베니아 민족, 그리고 우크라이나 민족을 하나의 민족 단위체로 인정하지 않고 혈연 집단으로 간주했는데, 그것은 이들 민족이 독일 민족이나 폴란드 민족의 지배하에서도 자신들의 혈연적·언어적 특성을 충분히 보존할 수 있다고 판단했기 때문이다. 아울러 대독일주의 추종자들은 독일 통일의 장애 요소로 간주한 오스트리아제국 및 그 통치 체제에서 비롯된 문제점들도 부각했는데 그것은 아마도 이들이 오스트리아제국 내에서, 특히 보헤미아 지방에서 그들의 동조 세력을 확보하려는 저의에서 나온 것 같다.

지금까지 거론된 대독일주의적 주장들을 종합·분석할 때 이 주의를 추종한 인물들은 그들 주장에 따른 통일 과정에서 야기될 수 있는 민족 문제에 전혀 관심을 가지지 않았다는 것과 거기서 발생할 수 있는 문제의 심각성도 고려하지 않았음을 확인할 수 있다. 실제로 프랑크푸르트 국민의회에서 대독일주의가 통일 방안으로 제시된 후에도 통일 독일의 구체적 영역이 결정되지 못하자 의원들은 새로운 대안을 찾기 시작했다. 당시 대독일주의를 추종하던 세력은 독일연방을 토대로 통합국가를 구축해야 한다는 입장이었는데, 오스트리아 출신 의원들은 이에 동의하지 않았다. 이들은 대독일주의를 변형시킨 이른바 오스트리아적 대독일주의, 즉 오스트리아 제국의 전 영역이 통합국가에 편입되어야 한다고 주장했다.

1848년 10월 26일 프랑크푸르트 국민의회에서 소독일주의 원칙에 따른 독일 통일안이 공식적으로 제시되었다. 즉 오스트리아가 기존의 영토를 견지하는 대신 통일국가에 참여해서는 안 된다는 것이었다. 소독일주의를 지향하는 세력은 프로이센 주도로 독일을 통일해야 한다는 견해도 제시했다. 나아가 이들은 오스트리아의 역할을 인정하지 않으려고 했을 뿐만 아니라 아예 독일권에서 축출하려고 했다.

1849년 2월 28일 투표에서 290명의 의원이 프리드리히 빌헬름 4세를 아직까지 실체도 없던 '소독일 입헌 연방국'의 황제로 선출했다. 3월 말에는 오스트리아를 제외한 모든 영방국가의 대표 33명이 황제 대관식을 위해 베를린으로 모였다.

3. 에르푸르트 연합의회

프리드리히 빌헬름 4세(Friedrich Wilhelm IV, 1840~1861)는 1849년 4월 3일 프랑크푸르트 국민의회가 자신에게 수여한 독일 황제관을 거절했지만, 여전히 동료 군주들이 동의할 수 있는 독일 통일을 바라고 있었다.[8]

---

[8] 프리드리히 빌헬름 4세는 가게른이 이끄는 프랑크푸르트 국민의회 사절단, 즉 황제대표단과의 대화에서 독일 모든 제후의 동의 없이는 황제직을 받아들이지 않겠다고 했다. 실은 혁명의 선물을 받아들이는 것이 신의 은총을 받은 군주의 성스러운 권리와 명예를 더럽히는 행동이라고 생각했기 때문에 거부했던 것이다. 프리드리히 빌헬름 4세는 소독일주의 원칙에 따른 독일권의 통합에도 부정적이었다. 그는 '티롤(Tirol), 즉 오스트리아를 제외한 독일은 코 없는 얼굴보다 더욱 흉하다'라고 생각하고 있었다. 실제로 생애의 마지막까지 그는 합스부르크가 지배하고, 프로이

당시 정치 초년생이었던 비스마르크(Otto v. Bismarck) 역시 프랑크푸르트 국민의회가 프로이센 국왕에게 수여한 황제관을 혁명의 썩은 냄새가 풍기는 더러운 황제관으로 간주했다. 이어 그는 프랑크푸르트 국민의회의 위선을 더는 허용하지 않을 것이며, 제국 헌법을 주장하는 프랑크푸르트 국민의회의 속임수 역시 만천하에 드러났다고 했다. 부인 요하나(Johanna)에게 보낸 서신에서 비스마르크는 독일 통일은 외교와 전쟁으로 결정될 사안이기 때문에 프랑크푸르트 의원들이 지껄이고 제멋대로 결정한다고 하더라도 그것은 공중누각에 불과하다는 다소 비하적인 평가도 했다.

당시 오스트리아가 이탈리아 북부 및 중부 유럽에서 세력 확장을 시도함에 따라 프로이센이 독일권에서 주도권을 장악할 수도 있다는 견해가 일부 정치가들로부터 제기되기 시작했다.[9] 이러한 관점을 주도한 인물이 바로 라도비츠(Joseph v. Radowitz)였다. 그는 헝가리계의 가톨릭 귀족으로서, 프리드리히 빌헬름 4세가 왕세자였던 시절의 가까운 친구이기도 했다. 라도비츠는 11세에 샤를루아(Charleroi) 군사학교에 입학했고, 파리에서 다양한 기술을 배웠다.[10] 1813년, 16세 때 베스트팔렌(Westfalen)에 있는 포병부대 소위로 근무하면서 해방전쟁에 참여하는 등 군 작전 경험을 쌓았고, 쿠어헤센(Kurhessen)을 거쳐 1823년부터 프로이센 관료로 활동하기 시작했다. 1830년 프로이센 포병부대 총사령관으로 임명되었고, 1836년

센의 군주는 단지 군사령관으로서 황제에게 충실히 봉사하는 기독교적-독일제국이어야 한다는 청년 시절의 꿈에서 벗어나지 못했다.
9 실제로 슈바르첸베르크(Felix Fürst zu Schwarzenberg)가 이끌던 빈 정부는 7천만 명의 제국 건설에 관해서만 관심을 보였다.
10 샤를루아는 벨기에 왈롱 에노주(Wallonie Hainaut)의 도시이다.

라도비츠

부터 프로이센 육군의 전권을 장악했다. 그는 프리드리히 빌헬름 왕세자와 더불어 초감각성과 낭만주의에 심취했고, 미완적 사상에 열광하기도 했다. 그러나 라도비츠는 정치의 냉혹성에 대해서는 불충분한 판단력을 가지고 있었다. 그런데도 그는 프랑크푸르트 국민의회에서 활동했을 뿐만 아니라 프랑크푸르트에서 프로이센군 전권 위임자로서의 역할도 수행했다. 당시 프리드리히 빌헬름 4세의 측근이었던 레오폴트 게를라흐(Leopold v. Gerlach)는 프로이센 군주에게 라도비츠가 지나친 영향력을 행사하고 있다고 우려를 표명했다. 그에 따르면, 라도비츠는 국왕보다 훨씬 빈약한 사고력을 가졌기 때문에 국왕과의 대화에서 국왕의 관점을 제대로 파악하지 못하고 국가의 존속을 위태롭게 하거나 다른 사람의 생명까지 앗아갈 국왕의 결정에 대해 올바른 조언도 하지 않는다는 것이다. 그리고 국가에 불이익을 가져다줄 수 있는 이러한 국왕의 관점에 라도비츠는 다만 국왕이 가지지 못한 수학과 논리로 합리화시키는 데만 주력한다는 것이다.

프리드리히 빌헬름 4세의 요청을 받아들여 베를린에 온 라도비츠는 외무장관직을 수행하면서 평소 신념에 따라 오스트리아를 독일 통일 과정에서 배제한 가게른의 소독일주의적 연방국안을 활성화하는 데 주력했다. 가게른은 프랑크푸르트 국민의회에서 이중동맹안을 제시했다. 프로이센 주도로 제후들과 의회 합의를 통해 소독일주의적 연방을 창출하며, 이 연방은 오스트리아와 동맹체제를 구축하고 교역, 관세, 그리고 외교정책을 공동으로 추진한다는 것이다. 라도비츠는 가게른안이 공통의 외교·통상 정책에 기초를 둔 다소 느슨한 연합체라고 평가했기 때문에 보완책 마련에 신경을 썼다. 그는 프로이센이 보수적 오스트리아와 협력관계를 구축한다면 적지 않은 이익도 챙길 수 있다고 확신했지만, 이것은 그가 빈 정부 정책을 너무 안이하게 평가한 데서 나온 것 같다.[11]

프로이센의 외교정책을 총괄한 라도비츠는 1849년 5월, 오스트리아가 가게른의 계획을 수용한다면 헝가리 폭동 진압에 프로이센도 동참해야 한다는 것을 프리드리히 빌헬름 4세에게 진언했다. 아울러 프로이센이 요한 대공으로부터 제국 섭정의 직책도 잠정적으로 인수해야 한다는 견해도 제시했다. 그러나 빈 정부의 실세인 슈바르첸베르크(Felix Fürst zu Schwarzenberg)는 베를린 정부의 지원과 그에 따른 요구 조건을 단호히 거부했다. 왜냐하면 그는 헝가리 반란을 진압하는 과정에서 러시아의 지원이 있으면, 프로이센의 압력에 굴복할 필요도 없다고 생각했다. 실제로 슈바르첸베르크는 정치적 사안을 올바르게 판단하여 효율적으로 대응할

---

[11] 혁명이 종료되지 않은 1848년 12월 2일 오스트리아에서는 황제가 교체되었다. 페르디난트 1세가 총리 슈바르첸베르크의 건의를 수용하여 조카 프란츠에게 양위한 것이다. 프란츠는 18세의 청년이었지만, 공명심이 남다르고 정치에 큰 관심을 보인 어머니 조피 프리데리케에 의해 이미 양위를 대비한 지도자 수업을 마친 상태였다. 특히 군사교육을 철저히 받아서 14세 때 이미 대령의 신분으로 연대를 지휘했고, 황제가 되어서도 노년에 이르기까지 공식 석상에서 즐겨 군복을 입은 것으로 유명했다. 황실의 전통에 따르면 황제의 이름은 하나이므로 프란츠 2세가 되어야 하지만, 새 황제는 종증조부 요제프 2세의 황제명을 추가하여 프란츠 요제프 1세라 칭하게 했다. 그는 합스부르크 가문의 역대 황제 중 두 개의 이름을 황제명으로 사용한 유일한 통치자였다. 이는 요제프 2세의 개혁정치, 즉 요제프주의를 연상시킴으로써 신민들의 지지를 얻어, 혁명을 극복하고 동시에 무능한 백부와의 차별화를 기하기 위해서였다.

수 있는 능력을 갖추고 있었다.

오스트리아의 거부에도 라도비츠는 소독일주의 원칙에 따른 독일 통일을 위해 1849년 5월 26일 작센, 하노버와 더불어 3왕 동맹체제(Dreikönigsbündnis)를 결성했다. 그보다 며칠 전인 5월 17일에 하노버, 뷔르템베르크, 바이에른, 작센 왕국의 대표를 베를린으로 초청하여 자신의 구상을 설명한 바 있었으나 바이에른과 뷔르템베르크의 대표는 그의 구상에 동의하지 않았다. 다소 불안정하게 결성된 3왕 동맹체제에서는 특히 프로이센 주도로 독일권을 연방 체제로 변형시킨다는 것이 강조되었다. 그러나 이 동맹체제는 실제로 아무런 힘도 발휘하지 못했는데, 우선 작센이 바이에른 가입을 전제로 동맹에 참여한 것과 하노버 역시 오스트리아를 연방국에 포함한다는 약속 이행을 믿고 동맹의 일원이 되었기 때문이다. 그러나 라도비츠는 작센과 하노버의 요구 조건을 수용할 생각이 없었기 때문에 동맹국 사이의 의견 조율은 거의 불가능했다. 그런데도 이 동맹체제에 17개 국가가 자발적으로 참여했는데, 그것은 오스트리아가 배제된 상황에서 프로이센의 영향력이 독일권에서 상대적으로 확대되었기 때문이다.[12] 실제로 1849년 여름 프로이센군은 바덴(Baden)을 비롯한 몇몇 영방국가에서 일어난 소요를 진압하는 데 결정적 역할을 했다.

1849년 6월 26일 프랑크푸르트 국민의회 내에서 우파나 중도파로 간주했던 150여 명의 의원이 독일권에서 프로이센 주도권을 논의하기 위해 튀링겐의 고타(Gotha)에 모였다.[13] 이 중 130명은 프랑크푸르트 국민의

---

[12] 에르푸르트 동맹체제에 가입한 국가는 모두 28개국이었다. 그러나 오스트리아, 바이에른, 뷔르템베르크 왕국은 에르푸르트 연합의회에 참석하지 않았다.

[13] 6월 26일부터 9월 28일까지 열린 이 회의에는 바서만(Friedrich Daniel Bassermann), 달만(Friedrich Dahlmann), 가게른 형제, 하임(Friedrich Heim) 등이 참석했는데 이들

회에서 제정된 헌법을 더는 시행할 수 없으므로 모든 영방국가는 3왕 동맹체제가 지지하는 헌법, 즉 에르푸르트 제국헌법(Erfurter Reichsverfassung)을 채택한다는 문서에도 서명했다. 새로이 제정된 헌법에서는 프로이센과 밀접한 관계를 맺게 될 제국집행부와 절대적 거부권을 보유하고 양원제 의회와 입법권을 나누어 가지게 될 제후의회 등을 설치하도록 규정했다. 하원 권한 역시 크게 위축되었고, 의원 선출은 보통선거가 아닌 재산 유무에 따른 3계급 선거제에 따르도록 했다. 이에 따라 하원 의석의 3분의 1은 세금을 가장 많이 내는 4.7%의 신민들에게 배당되었고, 3분의 1은 그다음으로 세금을 많이 내는 12.6%의 신민들에게 부여되었고, 나머지 3분의 1은 82.7%의 신민들에게 할당되었다.

한편 오스트리아 황실은 헝가리 문제에 부딪혀 있었다. 부다페스트 정부가 12월 2일 오스트리아 황제가 된 프란츠 요제프 1세의 헝가리 국왕 등극에 동의하지 않았기 때문이다. 이에 따라 1848년 12월 16일 빈 정부는 10만 명에 달하는 군사를 동원하여 헝가리를 침공했다. 외덴부르크와 프레스부르크를 점령한 오스트리아군은 1849년 1월 5일 부다페스트를 함락하는 성과를 거두었으나, 헝가리 혁명군 역시 10월 소요에 참여한 폴란드 출신 벰(Jozef Zachariaz Bem) 장군의 지휘로 전열을 정비해 역공을 감행했다.

다음 해 3월 헝가리군은 헝가리 대평원 지역을 회복했다. 같은 달 4일에 공포된 신헌법이 크렘지어 헌법을 무효화시킴에 따라 헝가리 혁명 세력에서 급진파가 득세하게 되었고 이로써 오스트리아와의 타협 가능성은 완전히 사라졌다. 혁명 세력에서 급진파의 득세를 유발한 신헌법은

은 세습 황제파의 핵심적 인물이었다.

지금까지 헝가리 왕국에 소속된 크로아티아 왕국과 슬라보니아를 헝가리에서 분리해 독립적인 크론란트(Kronland)로 격상시킨다는 내용을 포함했기 때문에, 헝가리 혁명 세력은 이 신헌법이 1년 전, 즉 1848년 4월 19일 헝가리-크로아티아 동맹의 무효화를 선언한 옐라치치(Josip Jellačić)의 슬라브 민족주의 노선과도 일치한다는 인식을 하게 되었다. 헝가리 혁명군을 진압하기 위해 빈디쉬그래츠(Alfred Fürst v. Winschgrätz)는 7만 명의 오스트리아군을 동원했지만, 혁명군의 저항으로 1849년 4월 10일 철수해야 했다.

코슈트(Lajos Kossuth)는 같은 달 14일 헝가리 공화국을 선포하고, 오스트리아의 접근이 상대적으로 어려운 헝가리 동쪽 끝, 루마니아 국경 지역에 있는 데브레첸(Debrecen)을 혁명정부의 임시수도로 결정했다. 데브레첸의 대개혁교회에서 개원된 헝가리 혁명의회는 헝가리 국왕 프란츠 요제프 1세의 폐위를 선언하고, 민족주의자 코슈트를 국가원수로 선출했다. 국가원수 자격으로 코슈트는 합스부르크 가문의 헝가리 국왕 계승권을 무효화했고, 오스트리아제국의 황제가 겸임하던 헝가리 왕권도 회수했다.

그러나 점차 3월혁명의 영향에서 벗어나기 시작한 유럽은 헝가리 혁명을 그대로 좌시하지 않았다. 5월 21일 프란츠 요제프 1세와 러시아의 니콜라이 1세가 바르샤바에서 회동했고 거기서 러시아 황제는 군사적 지원을 약속했다. 당시 니콜라이 1세는 폴란드 국왕의 역할도 수행했다. 이에 따라 러시아는 2만 명의 대군을 헝가리에 파병했다. 이렇게 러시아군이 개입하자, 코슈트는 1849년 8월 11일 헝가리 혁명정부의 전권을 괴르게이(Arthur Görgei) 장군에게 이양하는 선언문을 채택한 후, 헝가리 국가원수직에서 물러났다. 이틀 후인 8월 13일 헝가리 혁명군 사령부 어러드

(Arad) 요새가 러시아군에게 점령되었고, 괴르게이 장군이 헝가리 혁명군 사령관직을 인수한 지 이틀 만에 아라드 근처인 빌라고스(Vilagos)에서 헝가리 혁명군은 러시아군에 항복함에 따라, 혁명군의 지휘권을 러시아군에 넘겨야만 했다. 러시아군에게 항복한 괴르게이 장군과 그의 측근들은 러시아가 혁명군을 오스트리아군으로부터 보호하여 러시아군에 편입시킬 것이라는 희망을 품었지만, 이것은 실현되지 않았다. 혁명군이 항복한 후 니콜라이 1세는 괴르게이만 사면했고, 나머지 장군들은 오스트리아군에게 넘겼다.

헝가리 문제가 해결됨에 따라 빈 정부는 그들의 관심을 독일권으로 다시 돌렸다. 슈바르첸베르크의 최우선 목표는 프로이센이 구상한 계획을 즉각 폐기하는 것이었다. 그러나 같은 해 9월 슈바르첸베르크는 오스트리아와 프로이센 사이의 분쟁을 평화적으로 해결하려던 오스트리아 황제와 러시아 차르의 견해에 따라 프로이센과 잠정적 협정을 체결했다. 이른바 '가협정'에서 오스트리아와 프로이센은 독일을 1850년 5월까지 공동으로 통제하기로 했다. 그러나 슈바르첸베르크는 '가협정'을 단순한 지연 전술로 간주했는데 그것은 그가 강력한 노선을 취하는 데 필요한 모든 여건을 조성한 후 '가협정'을 즉시 파기한다는 언급에서 확인할 수 있다. 그러나 라도비츠는 '가협정' 조인으로 프로이센의 지위가 독일권에서 크게 약화한다는 사실을 파악하지 못한 채 오스트리아의 성실한 협력만을 기대했다.

오스트리아가 독일권에 다시 관심을 보이게 됨에 따라 바이에른과 뷔르템베르크는 에르푸르트 연합에서 탈퇴하기로 했다. 1850년 2월 21일에는 하노버와 작센 역시 탈퇴를 감행했는데, 이는 연합 세력의 압박과 자신들의 주권을 위협하는 모든 독일 문제에 대해 오스트리아가 적극적

1850년 아우구스티너키르헤 본당에서 열린 에르푸르트 연합의회

으로 지원해주리라는 확신에서 나온 것이었다.

  2월 27일 하노버와 작센은 바이에른과 뷔르템베르크와 더불어 4왕 동맹체제를 결성하면서 독일 통일은 이전의 독일연방 체제하에서 이루어져야 한다는 의견을 밝혔는데, 이는 1849년 3월에 제시된 슈바르첸베르크의 구상과도 일치했다. 이러한 사태로 인해 오스트리아와 러시아의 우호 관계가 사회질서 체제 유지에 필요하다고 생각하던 프로이센의 보수주의자들이 라도비츠를 공격했다. 이러한 보수주의자들의 관점 표명으로 프리드리히 빌헬름 4세 역시 동요하기 시작했고, 그 결과 고타 파마저 급격히 세력이 약해졌다.

  1850년 3월 20일부터 4월 29일까지 작센의 프로이센령에 있는 에르푸르트의 아우구스티너키르헤에서 연합의회가 개최되었다.[14] 연합의회는 각국 정부와 의회를 대표하는 상원과 프로이센 왕국의 '3등급 선거법'에 따라 선출한 하원으로 구성되었는데, 약 100명의 전 프랑크푸르트 국민의회 의원들이 하원 의석의 다수를 차지했으며 이들은 주로 세습 황제파를 중심으로 활동했다. 당시 이들은 라도비츠가 구상한 연합정책을 지지했는데, 이들 중에는 프랑크푸르트 국민의회 제2대 의장을 역임한 가게른과 제3대 의장을 지낸 지몬을 비롯하여 바서만(Friedrich Daniel Bassermann), 캄프하우젠(Gottfried Ludolf Camphausen), 달만(Friedrich Christoph Dahlmann), 가게른의 동생인 막시밀리안 폰 가게른(Maximillian v. Gagern), 그리고 마티(Karl Mathy) 등의 거물급 정치인들도 포함되었다. 세습 황제파와 맞선 우파는 에르푸르트 연합의회의 소수파로서 비스마르크, 슈탈(Fried-

---

[14] 1850년 1월 31일에 실시된 연합의회 선거에서 130명에 달하는 보수 정치가들이 당선되었다. 그러나 민주주의자들은 이 선거에 참여하지 않았다.

rich Julius Stahl), 게를라흐(Gerlach), 클라이스트-레초(Hans Hugo v. Kleist-Retzow), 라이헨스페르거(Rheihensperger) 형제, 그리고 부스 등 약 40명이 참여했는데 이 수는 세습 황제파보다 훨씬 적은 수였다.

다소간의 견해차에도 불구하고 이들 우파는 프로이센의 민족주의와 입헌군주제를 반대했지만, 프로이센 주도의 통일정책과 통일독일에서 오스트리아를 배제하는 정책에 대해서는 출신 국가에 따라 입장을 달리했다. 예를 들면 바이에른 출신의 슈탈과 바덴 대공국 출신의 부스 등은 오스트리아를 제외한 소독일주의적 통일에 반대했다. 당시 연합의회에 참석한 비스마르크 역시 라도비츠와 프리드리히 빌헬름 4세의 연합정책, 즉 소독일주의적 통일 정책을 비현실적이라 판단했다. 그는 라도비츠가 제시한 연합정책 안을 '죽어서 태어난 아기'와 같다고 했다. 연합정책안에 따르면, 프로이센은 군사 및 재정 분야의 자유로운 활용을 포기하고 국가가 활용할 수 있는 모든 자산을 독일의 나머지 국가의 파산을 막기 위해 보상 없이 투입해야 하는 의무도 지게 된다는 것이다. 따라서 비스마르크는 라도비츠의 연합정책안을 셰익스피어의 '한여름 밤의 꿈'에 불과하다고 혹평하기도 했다. 그는 라도비츠의 특별한 말재주와 설득력을 인정했다. 그러나 라도비츠 정책에서 확인되는 근거의 희박성과 미완적 요소들에 대해서는 동의하지 않았다. 여기서 그는 라도비츠의 '공상적 낭만주의'와 '궤변적 실용주의'의 특이한 조합을 신랄히 비판하면서, 라도비츠가 바보가 아니면 야바위꾼에 불과하다고 평가했다.

얼마 후 비스마르크는 라도비츠의 연방헌법 초안을 조목조목 비판했다. 특히 그는 제후평의회의 의석 분배에 대해 혹평했다. 그것에 따르면 프로이센은 의결권의 17% 정도만 차지하게 된다는 것이다. 300만 명의 신민을 가진 16개국을 위해 1,600만 명의 인구를 가진 프로이센의 국왕이 본인과 국가의 관점을 포기하고 제후평의회의 결의에 동조, 이행하는 상황이 초래될 수 있다는 것이 비스마르크의 분석이었다. 비스마르크에 따르면, 이것은 독일연방에서 강대국인 프로이센이 무조건 외부 의지에 따라 자국에서 정책을 시행해야 하는 것으로 간주할 수 있다는 것이다. 당시 그는 에르푸르트 연합의회에서 기록 담당 의원으로 활동했으며, 올뮈츠 조약이 체결된 후에는 프로이센 의회에서 이 조약을 옹호하는 어려운 임무도 수행해야 했다.

에르푸르트 연합의회에 제출한 라도비츠의 연방헌법 초안은 그 내용이 프랑크푸르트 국민의회 헌법과 유사했으며, 자유주의자들은 이를 일괄하여 통과시키려 했지만, 우파는 프로이센의 왕정 원칙에 벗어나며 프로이센 왕권 역시 침해하는 것으로 판단하여 연방헌법 초안 통과를 거부했다. 결국 왕정 원칙에 부합하는 방향으로 수정된 헌법 초안이 연합의회의 양원에서 통과되었지만, 이 역시 올뮈츠 조약 체결로 실행에 옮겨지지 못했다.

4. 슈바르첸베르크의 반격

1850년 5월, '가협정' 시효가 종료됨에 따라 슈바르첸베르크는 오스트리아 주도로 옛 연방의회를 부활시키고 옛 연방의 개편과 독일 중앙정부를 설립하는 것 등을 구체적으로 논의하기 위해 영방국가들에 공문을 보냈다. 9월 1일부터 프랑크푸르트에서 활동해온 옛 연방의회에는 10개국이 참여했으나 프로이센을 비롯한 에르푸르트 연합의회에 참가한 국가들은 불참했다. 이로써 타협을 위한 모든 시도 역시 실패로 끝나게 되었

총리이자 외무장관으로서 1848년 3월 혁명 이후 오스트리아를 이끈 슈바르첸베르크

다. 이렇게 프로이센이 에르푸르트 연합의회에 집착함에 따라 프로이센과 오스트리아의 전쟁 가능성도 표출되기 시작했다.[15]

그런데 슐레스비히-홀슈타인 문제는 당시 제기된 긴장을 한층 더 고조시키는 계기가 되었다. 1848년 1월 20일 국왕으로 등극한 프레데리크 7세(Frederick VII, 1848~1863)는 같은 날 공개한 서한에서 덴마크의 통합헌법을 반포할 예정이며 슐레스비히를 덴마크에 편입하겠다고 밝혔다. 이 문제로 인해 국경을 맞댄 덴마크와 프로이센에서는 논란이 증폭되었고, 그에 따라 결국 양국 사이의 전쟁까지 벌어졌다.

같은 해 8월 28일 스웨덴 말뫼(Malmö)에서 덴마크와 프로이센 사이의 평화협정이 체결되었지만, 다음 해 4월 3일 홀슈타인 문제로 덴마크와 프로이센 간의 전쟁이 재차 발발했다. 이에 영국과 러시아가 개입했고 양국의 강한 압박으로 프로이센은 1849년 7월 10일 덴마크와 휴전협정을 체결했다. 거기서 프로이센은 슐레스비히와 홀슈타인 지방의 단일화를 포기해야만 했다. 이제 슐레스비히는 프로이센-덴마크 통합 지방정부의 통치를 받게 되었고, 홀슈타인은 연방의회에서 파견된 독일 총독이 다스리게 되었다.

1850년 7월 2일 프로이센과 덴마크 사이에 평화조약이 체결되었다. 이 조약에서는 우선 프로이센 장교들이 슐레스비히-홀슈타인 군 조직에서 제외된다는 것이 거론되었다. 이어 덴마크 국왕은 독일인 반란 세력의 도피처였던 홀슈타인의 질서 회복을 위해, 연방에 지원을 요청할 수 있는 권한도 가진다는 것이 명시되었다. 바로 이것이 프로이센의 치명적

---

15 슈바르첸베르크는 '프로이센을 약화시킨 후 제거한다(il faut avili la Prusse, et puis la démolir)'라는 구상을 했고 그것을 실천하기 위해 오스트리아에 우호적인 프로이센의 구보수주의자들을 베를린 정계의 전면에 배치하는 방법도 모색했다.

약점인 것을 간파한 슈바르첸베르크는 덴마크 국왕에게, 새로이 활동을 재개한 연방의회 소위원회에 연방집행을 요구한다면 지지하겠다는 약속도 했다.[16] 이로써 전쟁 위험성은 더욱 증대되었다. 왜냐하면 프로이센이 결정적 이해관계를 갖는 지역에서 오스트리아군 주도로 연방집행이 이루어진다면, 교전은 더는 피할 수 없었기 때문이다.

여기서 헤센 문제가 그 최종적인 위기를 조장했다. 당시 헤센 대공 프리드리히 빌헬름 1세(Friedrich Wilhelm I)는 대공국 신민과의 관계 개선을 제대로 하지 못한 상태였다. 프리드리히 빌헬름 1세는 1850년 2월 자유주의적 성향의 장관들을 해임하고 극단적 성향의 보수주의자였던 하젠프루그(Ludwig Hassenpflug)를 수상으로 임명했다. 이에 헤센 대공국 의회가 1831년 헌법에 따라 정부의 예산안 승인을 거부하자, 프리드리히 빌헬름 1세는 세입 확보를 위해 긴급조치를 발동했다. 상황이 이렇게 악화하자 프리드리히 빌헬름 1세의 반동 정책에 대한 신민들의 반발도 심해졌다. 헤센 최고법원은 프리드리히 빌헬름 1세의 긴급조치를 위헌으로 간주했고, 군부 역시 의회와 법원 판결에 동조하여 실력 행사에 들어갔다. 이에 따라 1850년 9월 7일 헤센 대공국에 계엄령이 선포되었고 의회 역시 강제로 해산되었다. 이후 관리들은 세금 징수를 거부하고 군대 역시 신민들에게 무력을 행사하는 것을 거부했다. 그리하여 에르푸르트 연합에 참여했던 대공은 프랑크푸르트로 피신하여 연방의회에 도움을 요청했다. 이에 슈바르첸베르크는 헤센에 대해 연방집행을 할 수 있게끔 연방의회

---

16 1820년 6월 프랑크푸르트 연방의회에서는 독일연방 규약(1815년에 제정) 일부를 보완한 빈 최종규약을 비준했다. 빈 최종규약 제26조에서 언급된 연방집행은 연방규약 위배 시 해당 제후국 정부 또는 제후를 상대로 발동하는데 1830년 9월 7일 브라운슈바이크에서 민중 봉기가 발생한 후 그러한 집행이 최초로 시행되었다.

를 설득했다.

곧 오스트리아·바이에른·뷔르템베르크 사이에 군사 동맹체제, 즉 브레겐츠(Bregenz) 조약이 1850년 10월 12일 체결되었고, 바이에른과 뷔르템베르크의 병력 지원을 받은 오스트리아군이 북으로 진격했다.[17] 이것은 프로이센에 대한 직접적인 도발이었다. 라인란트와 브란덴부르크를 연결하는 전략적으로 중요한 도로가 이 조그만 대공국의 영토를 지나고 있었기 때문이다. 프로이센은 결코 오스트리아군의 헤센 점령을 허용할 수 없었다. 바로 이러한 중대한 시기에 프로이센의 정책은 다시금 동요되었다. 1850년 9월 26일부터 외무장관으로 활동하던 라도비츠는 각료회의에서 군대 동원을 요구했지만 실패했다. 각료들 대다수는 오스트리아 제국과의 전쟁을 반대했는데, 그 이유는 이들이 러시아의 영향력을 감지했기 때문이다.

1850년 10월 25일 러시아의 니콜라이 1세는 프로이센이 헤센에서 연방집행을 반대한다면, 오스트리아를 도덕적으로도 지원하겠다고 약속했다. 동시에 그는 홀슈타인에서 연방집행이 방해받는다면, 러시아는 그것을 개전 사유로 간주하겠다는 것을 프로이센에 통보했다. 이로부터 3일이 지난 10월 28일 니콜라이 1세와 프리드리히 빌헬름 4세가 바르샤바에서 만났고 거기서 '바르샤바 합의'를 끌어냈다. 이 합의에서 프리드리히 빌헬름 4세는 프로이센의 헤센 문제 불개입과 프로이센군 철수를 니콜라이 1세에게 약속했고, 헤센 대공국의 법질서 회복을 위해 독일연방이 연방 감독관을 카셀에 파견하는 데도 동의했다. 그러나 브레겐

---

17 오스트리아가 헤센 문제에 개입한 것은 독일연방을 무력화시키고, 독일연합을 출범시켜 독일에서 주도권을 노리던 프로이센의 계획을 좌절시키고 독일연방을 복원하는 데 있었다.

츠 조약 서명국들이 1850년 11월 1일 헤센 위기를 종식한다는 명목으로 25,000명의 바이에른 군을 독일연방군의 이름으로 헤센의 하나우(Hanau)에 진주시켰을 때, 군대 철수를 약속한 프리드리히 빌헬름 4세는 신민들이 도전적 태도를 바란다는 이유로 2개 사단을 1850년 11월 2일 북부 헤센으로 출동시켜 브레겐츠 동맹군에게 대응하게 했다. 그런데 프로이센군의 헤센 침공은 '바르샤바 합의' 위반이었기 때문에, 오스트리아는 프로이센군의 즉각적인 철수를 요구했다.[18]

오스트리아-바이에른-뷔르템베르크군으로 구성된 브레겐츠 연합군 선발대가 11월 8일 헤센의 전략로를 방어하던 프로이센군과 충돌하면서 풀다-브론첼(Fulda-Bronzell)에서 소규모 전투가 벌어졌다. 여기에서 몇 명의 오스트리아 병사와 한 필의 프로이센 군마가 부상했다. 프리드리히 빌헬름 4세는 그 순간 후퇴를 명했는데, 에르푸르트 연합문제로 오스트리아와 전쟁을 벌여야 한다는 것을 절대로 생각하지 않았기 때문이다. 결국 프로이센 국왕은 연합군에 의한 헤센 점령을 48시간 이내에 승인하라는 오스트리아의 최후통첩에 굴복하고 말았다.

5. 올뮈츠 굴욕

1849년 11월 29일 프리드리히 빌헬름 4세는 라도비츠를 외무장관직에서 해임하고 내무장관 만토이펠(Otto Theodor Freiherr v. Manteuffel)에게 외무장관직까지 겸하게 했다. 두 부서의 장관을 겸직하게 된 만토이펠은

---

18 라도비츠는 1850년 11월 2일 외무장관직을 사임했다.

1850년 11월 6일 수상 브란덴부르크가 갑자기 사망함에 따라 그 후임 역할까지 맡게 되었다. 만토이펠은 외교정책에 거의 문외한이었기 때문에, 되도록 어려운 외교 문제에 개입하려고 하지 않았다. 그런데도 만토이펠은 오스트리아의 일방적 요구를 그대로 수용하지 않으려고 했는데, 그것은 아마도 프로이센인이라는 자긍심에서 비롯된 것 같다.

신임 외무장관 만토이펠은 11월 29일 모라비아의 올뮈츠(Olmütz)에서 슈바르첸베르크와 협정을 체결했다. 이때 러시아의 니콜라이 1세는 중재 역할을 담당했다.[19] 프로이센은 소위 올뮈츠 굴욕(Schande von Olmütz) 협정에서 에르푸르트 연합을 포기하고, 독일연방 부활에도 동의했다. 또한 양국은 프로이센이 먼저 그리고 전적으로, 오스트리아가 후에 그리고 부분적으로 군사 동원을 해제하기로 약정했다. 그리고 헤센-카셀 및 홀슈타인 문제의 최종적인 해결은 연방의회에 위임했는데, 사실상 그것은 프로이센이 두 지역에서의 연방집행을 인정한 것이었다.

독일연방의회 대신 독일연합의회를 대안으로 제시해 독일에서 주도권을 장악하려던 프로이센의 시도는 러시아 개입으로 중단되었다. 독일연방의회 개혁을 통해 해결하려던 독일 문제는 오스트리아 주도로 드레스덴에서 개최된 독일연방 외무장관회의에서 최종적으로 조정되었다.

올뮈츠 협정에 따라 1850년 12월 23일부터 다음 해 5월 15일까지 약 5개월간 작센 왕국의 수도에서 개최된 회의에는 3월혁명 이후 기능이 중지된 독일연방 개혁을 논의하기 위해 독일연방 소속 모든 회원국의 수석장관이 참가했다. 프로이센은 국내적으로 보수우파의 압력, 국제적으로

---

[19] 현재는 체코 올로모우츠(Olomouc) 주에 있는 인구 11만의 작은 도시 올로모우츠(Olomouc)의 독일어명이다.

는 오스트리아와 공조한 러시아의 압력으로 그들의 연합정책을 최종적으로 포기하고, 독일연방의 복원과 오스트리아의 독일연방 주도권을 재확인해야 했다. 프로이센의 양보에 부응하여 오스트리아 역시 4왕동맹, 즉 작센, 하노버, 뷔르템베르크, 그리고 바이에른이 구성한 동맹에서 결의한 합스부르크 제국 전체가 독일연방에 가입한다는 계획을 포기했다. 독일연방의 개혁이 주제였던 드레스덴 회의는 결과적으로 1848년 이전의 독일연방 부활을 결의한 회의로 끝났다.

올뮈츠 협약을 통해 오스트리아 역시 얻은 것이 별로 없었다. 실제로 독일권의 주도권 문제는 여전히 해결되지 않았고 오스트리아도 프로이센을 완전히 굴복시킬 수 있는 절호의 기회를 놓쳐버렸다.

1851년 5월 독일연방 개혁을 위한 논의가 프랑크푸르트에서 속개되었다. 여기서 프로이센은 오스트리아에게 의장국 교환을 제의했지만, 오스트리아는 그것에 동의하지 않았다. 슈바르첸베르크는 프로이센이 자신의 야심 찬 계획을 방해하는 경쟁자라고 인식했다. 따라서 그는 필요하다면 무력으로 프로이센을 제압해야 한다는 생각도 하게 되었다.

독일에 대한 주도권을 장악하기 위한 오스트리아와 프로이센 사이의 대립과 갈등이 독일 문제 해결을 어렵게 한 만큼 독일 문제 해결을 앞당겼다는 이중가치적 주장 역시 부정할 수 없는 진실이었다. 메테르니히 시대와는 달리 3월혁명 이후 시대의 오스트리아와 프로이센은 혁명 세력에 대응하는 과정에서 얻은 학습효과로 권력의지가 눈에 띌 만큼 성장했다. 이에 따라 두 국가의 갈등은 점점 더 심화되었고, 급기야 혁명 이전의 상황으로 회귀하려 한 연방의회 실제적 과제를 불가능하게 했다. 오스트리아는 연방의회 내에서 주도권 행사를 혁명 이전 시기처럼 당연시했고, 프로이센은 현 상황 타개를 소독일주의 원칙에 따른 제국 건설을 위해 거쳐야 할 일차 관문으로 생각했다. 메테르니히가 더는 연방의회의 의장이 아닌 현실에서 혁명 이전과 같은 오스트리아와 프로이센 간의 밀월관계는 기대할 수 없게 되었다.

제2장

비스마르크의 등판과 덴마크 전쟁

비스마르크의 등판과 덴마크 전쟁

1. 비스마르크의 등판

프로이센은 1857~1858년 중대한 변화에 직면했다. 1857년에 접어들면서 프리드리히 빌헬름 4세는 뇌졸중에 걸려 국가를 통치할 수 없는 상태가 되었고, 이에 따라 10월 23일 내각에 전권을 위임했다. 내각은 동생 빌헬름에게 석 달 동안 왕위를 대행하게 하면서, 지금까지의 기조대로 정부를 이끌 의무를 지켜야 한다는 조건도 달았다. 이 결정은 세 번에 걸쳐 각기 1분기씩 연장됐다. 1848년 혁명 시위대에 발포를 명령해 '포탄 왕세제'라는 별명을 얻었던 왕세제 빌헬름은 그동안 아내의 영향을 받아 '주간지 정당(Wochenblattpartei)'을 중심으로 한 온건 보수 세력의 핵심 인물로 변모했다. 1858년 10월 9일 왕세제 빌헬름은 정부 결정 및 하원의 동의를 얻어 섭정 신분으로 프로이센을 통치하게 되었다. 이후 호엔촐레른(Karl Anton Joachim Zephyrius Friedrich Meinrad v. Hohenzollern)의 신내각이 구성되었고, 주로 '주간지 정당'의 정치가들이 각료로 취임했다.

빌헬름 1세의 대관식

섭정은 즉위하자마자 신내각에 보내는 인사말을 발표하면서 '주간지 정당'이 표방하던 정책 노선을 토대로 한 '신시대' 구상을 밝혔다. 빌헬름은 정부가 시대의 정당한 요구와 필요를 세심하게 검토하여 개선하겠다는 의지를 밝히면서, 프로이센이 독일에서 도덕적 우위를 차지하는 정책을 추구하고, 군대를 쇄신하는 방법도 모색하겠다고 선포했다. 1861년 호엔촐레른 가문의 새로운 지배자로 등장한 빌헬름 1세(Wilhelm I, 1861~1888)는 룬(Albrecht v. Roon)[1]과 몰트케(Helmuth Graf v. Moltke)를 각각 국방장관과 육군 참모총장으로 임명하고 이들에게 프로이센군 증강과 효율적 운용에 필요한 방안 마련을 지시했다. 이는 주변 국가들의 병력이 대폭 증강된 데서 나온 우려의 표시였다. 실제로 프로이센은 1813년 이후, 즉 해방전쟁 이후 14만 명의 병력을 그대로 유지했지만 인접 국가들, 특히 프랑스 병력은 17만 명에서 40만 명으로 대폭 증강되었고, 오스트리아 역시 프로이센 군사력을 훨씬 능가하는 31만 명의 병력을 보유하고 있었다. 러시아는 프랑스나 오스트리아보다 훨씬 많은 50만 명의 병력을 운용했다. 프로이센보다 훨씬 많은 병력을 소유한 오스트리아도 자유재량에 따른 추첨 방식을 통해 병역 의무자를 선발했다.[2]

---

[1] 육군 중장 룬은 포메른 지방의 가난한 귀족 출신이었고, 그의 조카는 비스마르크의 학창 시절 친구였던 블랑켄부르크였다. 이미 1849년 바덴 봉기를 진압할 때부터 줄곧 프로이센군 편제에서 확인되는 문제점을 지적해온 그는 1859년 12월 보닌(Eduard v. Bonin)이 국방장관에서 물러난 후 그 후임으로 임명되었다. 그 이후부터 룬은 군제개혁의 필요성을 부각하는 데 주력했다.

[2] 병역의무자로 선발된 인물이 국가에 500굴덴의 특별세금을 납부하면 병역의무를 제삼자에게, 주로 하층민에게 전가할 수 있었다. 경제적으로 여유가 있다면 장교직도 살 수 있는데 소위계급은 2000은화굴덴(Silvergulden), 이보다 고위직을 사려면 서너 배 많은 은화굴덴을 준비해야 했다. 성직자, 귀족, 관리, 교사, 일정 이상의 토지소유자, 의학박사, 그리고 법학박사는 병역의무에서 제외되었다.

프로이센 인구는 1820년 1천만 명 정도였지만, 1850년대 말에는 거의 2배인 1,800만 명으로 늘어났다. 그런데도 경제적 이유로 연간 징집 숫자는 4만 명으로 고정되었고, 그로 인해 매년 14만 명의 프로이센 청년이 군 복무를 면제받았다. 실제로 병역 의무 나이에 도달한 프로이센 청년의 67%가 우연 또는 자유재량에 따른 추첨 방식을 통해 병역 의무에서 면제되었다. 이러한 과정에서 병역 의무를 제대로 수행할 능력이 있는지에 대한 조사는 생략되기 일쑤였다. 이러한 문제점을 없애고 국민개병제를 현실화하기 위해 룬은 연간 징집 인원을 6만 5천 명으로 늘릴 것을 제의했다. 이렇게 징집 인원을 늘린다면 프로이센은 약 20만 명의 병력을 보유하게 되리라는 것이 신임 국방장관의 계산이었다. 당시 병사들은 일선 연대에서 3년간의 의무 복무 기간에도 불구하고 실제로는 대부분 2년 반 만에 제대했다. 이후 2년간은 예비군으로, 이어 7년간을 제1후비군 신분으로 지방군에서 복무하고, 다시 7년을 제2후비군으로 복무했다.[3]

이러한 배치는 만족스럽지 못했는데, 그 이유는 후비군이 연령대가 높은 데다 반수 이상 가족을 부양해야 할 형편이었고 전투에도 부적합했기 때문이다. 후비군은 전쟁이 벌어지면 정규군과 더불어 공격의 한 축이 되어야 했다. 따라서 40세까지는 일요일이나 축제 기간 중 야전 근무 훈련을 받아야 하지만, 실제로는 1년에 한 번 정도 군사훈련을 받는 게 고작이었다. 그리고 이마저 제대로 시행되지 못했는데, 그것은 후비군

---

3   당시 프로이센 청년들은 2년간 병역 의무를 수행했지만, 프랑스 청년들은 4~7년, 오스트리아 청년들은 3~5년, 그리고 러시아 청년들은 12년 동안 병역 의무를 이행해야 했다. 이렇게 프로이센 주변 국가들의 병역 의무가 장기화되면서 전투 경험을 가진 군사력을 갖추게 되었다. 당시 프로이센의 제1후비군은 비상시 전방에 배치되었다.

의 상당수가 사회생활을 했기 때문에 군사훈련 장소에서 멀리 떨어진 곳에 거주하는 경우가 많았기 때문이다. 따라서 많은 후비군은 군사훈련에 참여하지 못했고 이들에 대한 제재 역시 불가능했다. 당시 후비군의 전투 능력을 크게 의심하던 직업장교들 역시 후비군의 개편 필요성을 강력히 제기했다. 따라서 룬은 병사들이 일선 연대에서 3년간 복무한 후 예비군에서 4년간, 그 이후 지방군에서 7년간 복무하게끔 제도를 수정하기로 했다. 처음 7년간 강도 높은 훈련을 받고 나서 지방군에 편입된 병사들은 전방 복무를 요구받지 않을 것이고, 장차 후방부대나 수비대로서의 부차적인 역할만 수행하면 되었다. 이렇게 늘어난 병력을 수용하기 위해 39개의 보병연대와 10개의 기병연대를 새로 창설하는 것도 개혁안에 포함되었다.

이러한 제안을 구체화한 법안이 1860년 2월 10일 하원에 제출되었다. 그 내용은 1817년 이후 매년 4만 명으로 고정된 신규 징병 규모를 6만 5천 명으로 늘리고 일반 병사들을 일선 부대에서 3년간 복무시킨 후 예비군에서 4년간, 그리고 지방군에서 7년간 복무하게끔 제도를 고친다는 것이었다. 이로써 프로이센은 20만 명의 병력을 보유하게 되는데, 이를 재정적으로 뒷받침하기 위해서는 매년 추가 국방비 명목으로 950만 탈러(Taler, 15~19세기에 사용되던 은화)를 지원해야 한다는 것도 법안에 명시되었다. 이렇게 추가되는 국방비를 충당하기 위해서는 25%의 세금 인상이 필요했다.

자유주의자들은 1857년 위기 이후 급증한 군사비에 대해 비판적이었다. 그러나 더욱 근본적인 문제는 그들이 후비군 격하에 반대한 것이다. 샤른호르스트(Gerhard Johann v. Scharnhorst)와 그나이제나우(August Wilhelm Anton Neidhardt Graf v. Gneisenau) 시대 이후부터 자유주의자들은 지방군에

커다란 의미를 부여하고 있었다. 귀족 출신이 아닌 중산계층 출신의 장교 휘하에서 후비군은 무장한 신민의 상징이 되었고, 계몽적 영향력의 산물로 간주하기도 했다. 그런데 룬은 프로이센 병사라면 생각은 하지 말고 무조건 명령에 복종해야 한다고 했다.

자유주의자들은 룬의 제안에 정치적 의도가 깔려 있음을 정확히 간파했다. 실제로 빌헬름 1세와 룬은 지방군에서 확인되는 자유주의적 성향을 우려했는데, 그것은 이들이 그 속에서 강력한 군주제를 저해하는 요소를 보았기 때문이다. 그렇다고 해서 당시 자유주의자들이 평화주의자였던 것은 아니다. 반대로 이들은 프로이센이 오스트리아를 배제한 소독일주의 원칙에 따라 독일을 통일하려면 반드시 강력한 군대를 확보해야 한다는 점도 잘 알고 있었다. 따라서 이들은 현역병 증강에는 기꺼이 동의했다. 그러나 후비군에 관한 제안은 거부했고, 또 재정 절감을 위해 현역 복무기간을 3년에서 2년으로 단축해달라고 요구했다. 이에 정부는 갑자기 법안을 철회했고 이것은 자유주의자들을 매우 당혹하게 했다.

룬은 1814~1815년의 군사법령 등에 의해 총사령관인 국왕에게 귀속된 권한들을 활용하여 자신이 그 개혁 이행에 필요한 권한을 충분히 위임받았다고 생각했다. 하원은 단지 병력 증강에 필요한 재원을 공급받는다는 점에서만 필요하다는 것이다. 자유주의자들은 1860년 5월의 '신시대'를 위태롭게 하지 않으려는 의도에서 1년간의 추가 군사비 명목으로 950만 탈러를 지원하기로 가결했으나, 그것은 그들이 반대하는 군제 개혁이 일방적으로 시행되지 않을 것이라는 구두 양해에서 비롯되었다. 그러나 섭정과 군사고문들은 하원이 그들에게 백지 위임했다고 생각했다. 그리하여 새로운 연대들이 창설되었고, 그 깃발들이 신왕 빌헬름 1세에 의해 프리드리히 2세 묘역에 헌정되었다. 자유주의자들은 이러한 행위에 크게 격분했다. 그런데도 이들은 복무 기간을 2년으로 단축하기 위한 의안이 제출되어야 한다는 조건을 붙여 두 번째로 예비비 지출을 승인했는데, 이번에는 겨우 3표 차로 가결되었다.

점차 자유주의 정당 내 좌파 세력의 불만은 증대되었다. 1858년 이후 행정 개혁의 진전은 매우 느렸다. 프로이센에서 기득권은 깊이 뿌리내렸고, 특히 영향력 있는 군수(Landräte) 같은 종신 관리나 상원은 대부분의 개혁을 성공적으로 저지했다. 다만 군제개혁에서 자유주의 지도자들을 순응시키는 일만이 이들에게 남아 있었다. 당시 자유주의 좌파 계열 인사들은 '법치국가'를 향한 진정한 개혁을 촉구했고, 통일에 필요한 더욱 적극적인 조치들도 요구했다. 이러한 목적들을 성취하기 위해 이들은 1861년 6월 6일 독일진보당(Deutsche Fortschrittspartei)을 발족시켰다. 같은 해 12월 5일과 6일에 걸쳐 실시된 하원 선거에서 109석을 차지한 독일진보당은 제1당으로 부상했지만, 14석을 획득한 보수파는 정당으로서의 의미마저 상실하게 되었다. 당시 독일진보당은 의회 내 각파의 지지를 얻어 정부의 군제 개편을 원천적으로 봉쇄하고자 했다. 91명의 구자유주의자 의원과 50명의 중도좌파 의원도 독일진보당의 입장을 지지했다.

원내에서 제1세력으로 부상한 독일진보당은 자유주의자들과 마찬가지로 강력한 군대를 열망했다. 그러나 이전의 자유주의자들과 달리 이들은 군제 개혁 문제를 헌법적 개혁, 특히 상원의 위상을 약화하기 위한 지렛대로 활용하려고 했다. 독일진보당 의원들은 하원의 동의 없이는 더는 군대를 재조직하지 못하게끔 하원이 예산 명세의 상세 심의권을 가져야 한다는 주장도 펼쳤는데, 이것은 다른 부서에 배정된 예산이 국방비로 전용되는 것을 막는 조처였다. 상황이 이렇게 전개되자, 빌헬름 1세의 고문들은 하원 해산을 제안했고, 반동적인 군 지도자들과 성급한 진보파 사이에서 어려움을 겪던 장관들도 사직했다.

결국 국왕은 3월 11일 하원을 해산했다. 이렇게 의회가 해산됨에 따라 호엔로에-인겔핀겐의 신내각이 3월 14일에 구성되었는데, 여기에는 이전과 달리 보수적 성향의 인물들이 대거 참여했고, 이것으로 '신시대'는 끝난 것처럼 보였다.

독일진보당과 자유주의 좌파는 1862년 5월 6일 시행된 하원 선거에서 각각 133석과 96석을 차지하여 압도적 승리를 거두었다. 총 353석 중에서 229석을 차지한 이들은 하원을 완전히 장악했다. 이에 반해 보수 세력은 11석밖에 확보하지 못했고, 이들의 지지 기반이었던 10개 주 가운데 2개 주에서만 의원이 선출되는 불상사까지 벌어졌다. 선거 결과를 접한 빌헬름 1세와 군제 개혁을 주도하던 군부의 핵심 인물들은 큰 충격에 빠졌다. 선거 기간 동안 빌헬름 1세는 보수 세력의 승리를 위해 선거 참여 촉구 캠페인을 전개하려 했으나, 그의 측근들은 그에게 국왕의 노골적 선거 개입은 입헌군주정 체제하에서 불법이라고 알려주었다. 그러자 빌헬름 1세는 군부의 핵심 참모들에게 더 많은 권한을 부여해야 한다고 생각하게 되었다. 국왕의 의도를 파악한 군부의 핵심 인물들은 혁명적 상황을 극복하는 방안으로, 무력으로 하원을 해산한다는 내용을 담은 문서를 작성하고 국왕의 서명까지 받았다. 이 문서는 극비리 프로이센의 모든 연대에 보내졌고 그에 따른 준비 작업도 진행되었다. 그러나 선거가 끝난 후 프로이센 군부가 추진한 국정에 대한 무력적 개입은 가시화되지 못했다.

독일진보당과 자유주의 좌파의 압승에도 불구하고 대화를 통한 문제 해결은 가능했다. 9월 8일 몇몇 진보파 의원, 특히 지벨(Heinrich v. Sybel)과 슈타벤하겐(Friedrich Karl Leopold Stavenhagen)은 추가 국방비 지출을 승인하면서 군 복무 기간을 2년으로 축소해달라고 요구했다. 룬은 이에 응했고 장군들 역시 군사훈련을 위해서는 2년으로도 충분하다고 생각했다. 다만 이들은 3년째 되는 해가 군주에 대한 병사들의 복종과 충성심을 강화할 시기로 보았기 때문에 아쉬움을 토로하기도 했다. 그러나 빌헬름 1세는 절충안에 동의하지 않았다. 그는 군대 문제에 있어서 어떠한 이유로도 의회의 다수파에 양보하려 하지 않았다.

8월에 하원은 군제 개편에 필요한 모든 추가 자금 지출을 거부했다. 마침내 국왕과 하원은 첨예한 헌법적 쟁점에 직면했는데, 말하자면 프로이센을 지배하는 것이 국왕이냐 아니면 의회냐 하는 문제였다. 위기가 더욱 심화하자, 왕세자 프리드리히는 국왕에게 양보할 것을 제안했다. 빌헬름 1세의 각료들 역시 합법적 예산 없이 통치해야 한다는 상황에 처하자, 동요하지 않을 수 없었다.

이러한 상황에서 하원은 9월 예산안 자체 상정을 각하했다. 이에 따라 빌헬름 1세는 왕세자 프리드리히에게 왕권 양위를 생각하게 되었고 그에 필요한 절차도 비밀리에 밟기 시작했다. 실제로 빌헬름 1세는 결코 군제 개혁을 철회할 생각이 없었다.

빌헬름 1세는 자신의 서명과 날짜만 빠진 양위 문서를 작성했고, 그것을 측근들에게 보여주었다. 이를 우려하던 룬은 비스마르크만이 이러한 상황을 극복할 수 있을 거라고 판단했다. 9월 16일 외무장관 베른스토르프(Alfred Graf v. Bernstorff)가 비스마르크에게 전보를 보냈다.

오토 폰 비스마르크는 1815년 4월 2일 마그데부르크(Magdeburg)에서 북쪽으로 약 50킬로미터 떨어진 쇤하우젠(Schönhausen)에서 카를 빌헬름 페르디난트 비스마르크(Karl Wilhelm Ferdinand von Bismarck)의 세 번째 아들로 태어나 괴팅겐과 베를린대학에서 공부했으며 베를린 고등법원에서

1847년 무렵의 비스마르크. 그는 최연소 의원으로 연합지방의회에 진출했다.

사법 시보로 활동했다. 외교관이 되기 위해 아헨(Aachen)으로 갔지만 외교관 시보 생활에도 만족을 느끼지 못했다. 그러던 중 1847년 연합지방의회 선거가 실시되었을 때 보궐의원이 되어 예리코 지역 기사령 의원직을 승계하고 32세의 최연소 의원으로 왕권 및 귀족 계층의 이익을 대변하던 우파 세력에 합류했다.

1848년 3월혁명이 발생하자 비스마르크는 기존 질서 체제 유지를 위해 무력으로 혁명 세력을 타파해야 한다는 입장을 피력했다. 3월혁명이 종식된 후, 프로이센에서도 혁명 이전의 체제로 회귀하려는 시도에 따라 1851년 프랑크푸르트 연방의회로 프로이센 대표를 다시 파견하는 일이 시급해지자, 베를린 정부는 오스트리아와 폭넓은 협력을 추구할 수 있는 후보자를 찾게 되었고 비스마르크는 프로이센 외교의 막중한 책임을 생각할 겨를도 없이 1851년 7월 중순부터 프랑크푸르트 독일연방 대사로서 본격적인 임무에 들어갔다. 이후부터 비스마르크는 연방의회 내 각국 간의 이해관계를 파악하는 데 주력했다. 그 과정에서 비스마르크는 자신의 정치적 기대치와 전혀 다른 오스트리아의 속내를 정확히 파악하는 기민성을 발휘하기도 했다. 프랑크푸르트 연방의회에서 보낸 8년간의 긴 세월은 1862년부터 프로이센 수상으로 활동할 그에게 정치 전반에 대한 탐색기인 동시에 향후 정치 방향을 결정짓는 밑거름이 될 만한 기간이었다.

외무장관 베른스토르프는 비스마르크에게 보낸 전보에서 국왕께서 귀환을 허락했으니 가능한 한 빨리 베를린으로 돌아올 것을 요구했다. 그러나 비스마르크는 베른스토르프에게 아무런 답변도 하지 않았다. 9월 18일 룬도 휴가를 끝내고 파리로 돌아가던 비스마르크에게 "지체하면 위험하다. 서두르시오(Periculum in mora. Depechez vous)"라고 전보를 보내 조속히 귀국할 것을 종용했다. 당시 룬은 하원의 탄핵 대상으로 부각되고 있었다. 9월 17일, 룬은 하원과의 협상에서 하원이 추가 국방비 지출을 승인하면 군 복무 기간을 2년으로 축소하겠다는 중재안을 제시했지만, 빌헬름 1세는 동의하지 않았다. 이렇게 하원과의 충돌이 지속되는 상황에서 룬은 빌헬름 1세에게 비스마르크야말로 지금 맞닥뜨린 문제를 해결할 수 있는 최적의 인물이라고 주지시켰다. 그러나 빌헬름 1세는 비스마르크를 수상으로 임명하는 것에 다소 유보적인 자세를 보였다. 비스마르크 역시 빌헬름 1세가 자신에 대해 부정적 시각을 가졌음을 알았지만, 룬의 전보를 받은 즉시 베를린으로 출발했는데 이는 베른스토르프의 서신을 받은 후와는 전혀 다른 행동이었다.

1862년 5월 23일부터 비스마르크는 파리 주재 프로이센 외교관으로 활동하고 있었다. 근무한 지 채 일 년도 안 되었지만, 이 시기에 비스마르크는 나폴레옹 3세의 정책에 깊은 관심을 보였다. 비스마르크는 서너 번 나폴레옹 3세를 만났고 거기서 그는 자신이 이집트 관리 보디발의 아내로부터 유혹받는 요셉의 처지가 된 것 같다고 외무장관 베른스토르프에게 보낸 서신에서 밝혔다. 실제로 나폴레옹 3세는 혼자서 파리에서 생활하던 비스마르크에게 한 여성을 소개했지만, 비스마르크는 "이미 결혼했습니다"라며 정중하게 거절했다. 이에 프랑스 황제는 "아내와 함께 있는 게 아니지 않소?"라며 재차 권했지만, 비스마르크는 거절 의사를 다시금 분명히 했다. 이와는 별도로 비스마르크는 나폴레옹 3세와의 독대에서 프랑스 황제가 프로이센의 관심에 대변할 준비가 되었는지를 먼저 확인하고자 했다. 비스마르크에 따르면, 나폴레옹 3세는 음흉한 동맹 구상을 밝히면서 그것에 대해 관심을 보이면 좀 더 구체적으로 자신의 구상도 언급한다는 것이다. 실제로 나폴레옹 3세는 오스트리아가 관여하지 않는 소독일주의 원칙에 따른 통일을 지지했다. 나폴레옹 3세는 프로이센이 오스트리아와 충돌한다면 빌헬름 1세를 적극적으로 지지할 것이라는 발언도 했고, 오스트리아 전체가 통합 독일에 참여하는 것을 배제한 모든 방법의 통일을 지지한다고 했다. 그의 관점에 따르면 오스트리아 전체가 참여한 독일 통일은 유럽 내 세력 균형에 위협을 줄 수 있다는 것이다. 비스마르크는 외교적 업적을 통해 국내 문제를 해결하려는 보나파르트 정책의 운용 과정도 세밀히 관찰해 그것을 향후 자신의 정책에 활용하겠다는 생각도 하게 되었다. 당시 비스마르크는 통일 독일의 국경선도 제시했는데 그것에 따르면 북쪽으로는 동해와 북해의 해안까지, 서쪽으로는 라인 지방까지, 그리고 남쪽으로는 알프스산맥과 보덴제(Bodensee)까지를 자연적 국경으로 간주했다. 비스마르크는 파리에 온 지 3주 만인 6월 말, 런던 세계박람회 참관을 구실로 7일 휴가를 신청했다. 파리에서와는 달리 런던에서 비스마르크는 주요 정치가들과 자주 만났다. 즉 그는 총리인 파머스톤(Henry John Temple, 3rd Vicount Parmerston), 외무장관 러셀(John Russel), 그리고 야당 당수인 디즈레일리(Benjamin Disraeli) 등과 회동했다. 런던에서 파리로 돌아온 그는 건강을 보전할 필요가 있다는 구실로 프랑스에서 더욱 긴 휴가를 보낼 수 있도록 간청했다.

이후 비스마르크는 블루아(Blois), 보르도(Bordeaux), 바욘(Bayonne), 산세바스티안(San Sebastian)을 걸쳐 비아리츠(Biarritz)까지 갔다. 비아리츠에서 보내는 8월은 정치 세계와는 거리가 먼 평화롭고 아름다운 풍광을 누리게 해주었다. 비스마르크는 매일 두 시간 정도 해수욕했고, 브뤼셀의 러시아 외교관 오를로프(Nikolai Orlow) 부부와 어울렸다. 오를로프는 크림전쟁 중에 한눈을 잃었고 그 이후부터 외교관으로 활동했다. 그의 아내 카타리나는 매력적인 미모를 자랑했다. 타고난 우아함에 재기발랄한 25세의 카타리나는 비스마르크를 아저씨라 불렀고 이러한 친밀감으로 47세의 비스마르크는 설레는 감정도 느꼈다. 당시 비스마르크는 카타리나를 보면서 마치 자신이 진실로 좋아했던 마리 폰 타텐-트리에글라프(Marie v. Thadden-Trieglaff)가 다시 태어난 것 같은 느낌도 들었다.[4] 비스마르크와 오를로프 부부는 초원과 숲을 함께 누볐으며, 파도에 몸을 던지는가 하면, 탁 트인 평원에서 승마하고 달빛이 비치는 저녁에 음악을 즐기기도 하면서, 세상사를 깨끗이 잊어버린 낭만의 나날을 보냈다. 비스마르크는 피부가 일 년 전으로 돌아간 것 같다며, 학창 시절의 방학 같은 기분도 난다고 했다.

몸과 마음의 건강을 어느 정도 되찾은 비스마르크는 비아리츠를 떠나 오를로프 부부와 함께 며칠 더 피레네산맥 지역을 돌며 지내다 9월 12일 툴루즈에서 베른스토르프와 룬에게 자신의 불확실한 상황을 토로하

---

[4] 비스마르크는 김나지움 동창생 블랑켄부르크(Moritz v. Blankenburg)의 권유에 따라 포메른의 경건주의자 모임에 참석했고, 경건주의자들과 긴밀하게 접촉했다. 이 과정에서 비스마르크는 자신에게 사랑의 의미를 깨닫게 해준 진정한 첫사랑인 마리 폰 타텐-트리에글라프를 만났다. 마리는 뛰어난 감성적 카리스마에 경건한 의식까지 갖춘 매력적 인물로 비스마르크의 영혼을 심층까지 뒤흔든 여인이었다. 그러나 마리는 이미 오래전에 블랑켄부르크와 약혼했고, 결혼까지 약속한 상태였다. 비스마르크에게 블랑켄부르크는 소중한 친구였지만, 그렇다고 자신에게 마리가 가지는 의미 역시 부인할 수 없었다.

빌헬름 1세가 프로이센 수상직 후보자인 비스마르크와 회담하고 있다.

는 서신을 보냈다. 비스마르크가 룬의 요구를 바로 수용한 것은 그가 이 인물과 친하다는 것 이외에도 또 다른 이유가 있었는데 그것은 그가 오를로프 부부와의 여행을 마치고 파리로 돌아가고 있었기 때문이다. 당시 튀링겐에 머무르던 왕세자 역시 국왕의 부름을 받고 베를린에 도착했다. 왕세자는 두 차례에 걸쳐 국왕과 독대했고, 어떤 경우에도 왕관을 물려받지 않겠다는 태도를 밝혔다. 그런데도 국왕의 태도가 바뀌지 않자 왕세자는 9월 20일 베를린을 떠났다. 9월 19일 왕세자의 일기장에서 "부친께서는 비스마르크-쇤하우젠(Bismarck-Schonhausen!!!!)을 수상으로 임명하려는 의지를 가지신 것 같다"라는 문구가 확인된다. 프리드리히 왕세자는 베를린을 떠나기 전에 비스마르크와 독대했고, 당시 국왕과 의회 사이의 대립 상황에 대해 정확히 설명했다.

25시간 동안 기차를 타고 베를린에 도착한 비스마르크는 9월 20일부터 베를린과 포츠담 사이 하펠 강변에 있는 바벨스베르크(Babelsberg)성에 머무르면서 당시 국왕과 의회 사이의 대립을 좀 더 구체적으로 파악하고자 했다. 아울러 자신을 위험에 직면한 주군, 즉 브란덴부르크 선제후의 봉신에 비유함으로써 그의 의무가 무엇인지를 우회적으로 밝혔다. 당시 비스마르크는 프로이센에서 프랑스 대혁명 기간 중 방데(Vendée)에서 발생한 참변 같은 것이 재현되더라도 주군에게 무조건 충성한다는 자세를 보였다. 다음 날 룬은 일요예배를 마친 빌헬름 1세를 만나 비스마르크와의 독대를 제의했다.

9월 22일 오후 빌헬름 1세는 바벨스베르크성에서 그가 계획한 양위를 실행하기에 앞서 비스마르크와 서너 시간에 걸쳐 심도 있는 대화를 나누었다. 대화에 앞서 빌헬름 1세는 집무실 탁자 위에 양위 문서를 가져다 놓았다. 당시 빌헬름 1세는 비스마르크와의 대화에서 충돌이 발생한다면, 양위 문서를 활용한다는 생각도 하고 있었다. 이는 국왕이 충성스러운 비스마르크의 만류로 양위 문서가 실제로 사용되지 않을 것이라고 확신했기 때문이며, 양위 문서 작성은 허풍에 불과하다는 견해도 있다. 국왕과의 대화에 앞서 비스마르크는 8쪽에 걸쳐 빽빽하게 작성한 정부 구성안을 국왕에게 제출했는데, 만일의 상황을 대비한 정부 정책뿐만 아니라 지방의회 개혁안도 언급되었다. 빌헬름 1세는 대화 과정에서 비스마르크에게 3년 복무가 명시된 군제 개혁을 완수할 수 있는지 물었다. 또한 비스마르크가 하원의 다수 세력이 관철한 사안을 번복시킬 수 있는지도 확인하고자 했다. 빌헬름 1세의 이러한 질문들에 대해 비스마르크는 하원과의 대립 과정에서 군주를 위험에 처하게 하느니 차라리 그와 더불어 몰락하겠다고 했다.

빌헬름 1세는 비스마르크와의 독대에서 하원에서 확산되는 분위기에 대한 우려를 표명했다. 하원이 자신들의 목적을 달성하지 못한다면 우선 비스마르크를, 다음에 자신을 처형하리라는 것이다. 비스마르크는 국왕의 권위를 위해 어떠한 명령이든, 즉 자신의 관점에 대치되는 것들까지 받아들이겠다는 의사를 밝혔다. 아울러 의회의 기능을 무시한 독재 체제를 한시적으로 도입해야 한다는 것도 강조했다. 비스마르크의 이러한 확고한 자세는 빌헬름 1세로부터 긍정적인 반응을 끌어냄과 동시에 속내는 그렇지 않았지만, 국왕의 퇴위를 철회하는 요인으로도 작용했다. 비스마르크는 빌헬름 1세를 완벽히 신뢰하지 않았는데, 이는 1868년에 나온 술회에서 확인되었다. 즉, 그는 빌헬름 1세가 '온갖 어려움을 이겨내면서 (durch dick und dünn)' 자신과 동행할지 의문스러워했다.

왕비 아우구스타는 비스마르크의 등용을 반대했다. 그녀는 아직까지 3월혁명 기간 중 비스마르크가 모반을 시도한 것을 용서하지 않았던 것이다. 아우구스타는 신의 은총에 따라 비스마르크는 외무장관 또는 수상이 될 수 없다고 했다. 이어 그녀는 비스마르크 같은 인물이 프로이센에서 고위직 관료로 활동한다면, 그 자체가 자신을 비롯한 모두에게 끔찍한 일이 되리라고 했다. 그렇다면 아우구스타와 비스마르크의 관계가 이렇게 나빠진 이유를 확인해야 할 것이다. 3월혁명이 발생한 후 비스마르크는 병력 동원을 통해, 즉 무력으로 혁명 세력을 분쇄해야 한다는 관점을 표명했고 그것을 실천하기 위해서는 프리드리히 빌헬름 4세와의 독대가 꼭 필요하다는 것도 인지했다. 이후 비스마르크는 국왕을 알현하기 위해 노력했고 국왕과 몇 분간 독대하는 기회도 가질 수 있었다. 여기서 비스마르크는 병력을 동원하여 혁명적 소요를 분쇄해야 한다는 관점을 분명히 언급했지만, 국왕은 그 의견을 받아들이기를 거부했다. 특히 프리드리히 빌헬름 4세는 자신이 프로이센의 상황을 정확히 파악하고 있음을 언급함에 따라 비스마르크는 다른 방법을 마련해야만 했다. 당시 프리드리히 빌헬름 4세의 동생이었던 카를(Carl) 왕자 역시 무력으로 혁명 세력을 진압해야 한다는 관점을 가지고 있었다. 그러나 그는 형이 위정자로 있는 한 그러한 방식이 수용될 수 없음을 인지했기 때문에 자신과 같은 생각을 가진 비스마르크와 빈번한 접촉을 시도했다. 이 접촉 과정에서 카를 왕자는 비스마르크에게 자신의 바로 위 형인 빌헬름 왕세제가 영국으로 떠나기 전 프리드리히 빌헬름 4세가 왕좌에서 쫓겨날 상황에 놓인다면 무력적 개입을 반드시 해야 한다는 내용의 문서를 작성했다는 것을 넌지시 알려주었다. 또한 카를 왕자는 비스마르크에게 빌헬름 왕세제 부인인 아우구스타를 통해 자신들의 계획을 구체화할 수 있다는 확신마저 하게 했다.

    3월 23일 포츠담의 도시성에서 비스마르크는 융커(Junker) 단체의 대표자 신분으로 아우구스타와 만났다.[5] 도시성 1층과 2층 사이의 중간층에 있는 한 사무실에서 비스마르크는 가문비나무 의자에 앉아 있던 아우구스타에게 빌헬름 왕세제가 머물고 있는 장소를 정확히 알려달라고 요청했는데 그것은 왕세제와 접촉하여 베를린에서 혁명 세력에게 억류된 프리드리히 빌헬름 4세를 구할 방법을 모색하고, 왕세제로부터 직접 명령도 받을 수 있을 것이라는 판단에서 나온 것 같다. 이렇게 한다면 프리트비츠 장군을 중심으로 계획하던 베를린 진격에 대한 당위성도 얻을 수 있다는 것이 비스마르크의 생각이었다. 그러나 아우구스타는 비스마르크의 요청을 거부했는데, 그것은 빌헬름 왕세제의 아들인 17세의 프리드리히 빌헬름(Friedrich Wilhelm)이 위협받을 수도 있다는 우려에서 비롯되었다. 이에 따라 비스마르크는 또 다른 요구도 했는데, 그것은 심신쇠약자인 프리드리히 빌헬름 4세를 권좌에서 축출하고 그녀의 아들인 프리드리히 빌헬름을 국왕으로 옹립하여 혁명적 소요를 진압하고 그동안 프리드리히 빌헬름 4세가 혁명 세력에게 양보한 모든 조치 역시 즉시 환원해야 한다는 것이었다. 아우구스타는 비스마르크의 이러한 도전적 요구, 즉 반혁명(Konterrevolution)에 대해 거절 의사를 분명히 밝혔고 비스마르크의 제안 내지는 요구가 카를 왕자와의 접촉에서 비롯된 것이라는 사실도 즉시 파악했다. 아우구스타는 비스마르크가 예의에 어긋날 뿐만 아니라 혐오스러운 반역 음모에 적극적으로 참여했다는 사실에 분노까지 느꼈다. 이후부터 비스마르크에 대한 아우구스타의 적대적 태도를 보였고 그것

---

5 융커는 당시 프로이센에서만 확인되던 계층이다. 포메른과 슐레지엔 지방에 많이 살았고, 외양상 부유한 농민과 비슷한 생활을 했지만 귀족 출신인 것에 자부심을 가지고 있었다. 이들은 농장을 경영하기도 하고, 지방관리로 활동하기도 했다. 젖소의 젖을 직접 짜거나 집에서 만든 털실을 인근 시장에 가서 팔기도 했다.

은 그녀가 생을 마감할 때까지 지속되었다. 실제로 훗날 독일제국이 탄생한 이후에도, 아우구스타는 황후 신분으로 비스마르크를 무너뜨릴 적 또는 경쟁자를 찾고자 했으며 그 과정에서 어느 진영 출신인지 상관하지 않고 모두를 기용하려고 했다. 따라서 비스마르크는 황후를 외국의 권력자나 국내의 적대적 정당보다도 더 무거운 상대로 간주했고, 그녀와의 대립을 다른 그 어떤 마찰보다도 힘겨워했다.

국왕과 의회가 날카롭게 대립하는 가운데 1862년 9월 23일 47세의 비스마르크는 임시수상(Interimistische Ernennung zum preußischen Ministerpräsidenten)으로 임명되었다. 같은 날 의회는 308 대 11이라는 압도적인 표차로 군제 개혁을 위해 정부가 요구한 예산안을 거부했다. 이로써 의회와 정부 간의 갈등은 새로운 위기 국면으로 치달았다. 그런데도 비스마르크는 군사 내각의 수장 만토이펠이 이끌던 비상위헌당이 목표로 제시한 헌법 철폐를 단호히 거부했다. 오히려 그는 상호 대립하던 정당들이 타협할 수 있게끔 시간을 벌고자 했다. 동시에 그는 휴전을 끌어내고자 자유주의 진영의 정당 지도자들과 접촉했지만, 성과를 거두지 못했다. 실제로 비스마르크는 처음 몇 주 동안 군제 개혁과 그에 따른 헌법 분쟁이 첨예화되는 것을 저지하기 위해 노력했다. 따라서 그는 하원 의원들에 대해 우호적 자세를 보였고, 카타리나 오를로프가 아비뇽에서 작별 선물로 준 올리브 가지를 수첩에서 꺼내 하원에서 화해의 상징으로 들어올리기도 했다.

비스마르크 내각은 9월 29일 1863년도 예산안을 철회한 후 다음 회기에 의무 복무를 다룬 새 법안과 함께 예산안을 다시 제출하기로 했다. 그리고 비스마르크는 예산위원회에서 국가 예산 중 군사비 항목 삭감에 관해 자신의 태도를 명백히 밝혔다. 즉, 그는 1862년 9월 30일 하원 예산 심의위원회에서 "독일권이 주목하는 것은 프로이센의 자유주의가 아니라 그 힘입니다. 빈 회의에서 결정된 우리 국경은 정상적인 국가에 어울리지 않습니다. 바이에른, 뷔르템베르크, 그리고 바덴은 자유주의를 누릴지언정, 어느 누구도 그 국가에 프로이센과 같은 역할을 위임하지는 않을 것입니다. (…) 오늘의 큰 문제는 언론이나 다수결—이것이 1848년과 1849년의 큰 잘못입니다—이 아닌 철과 피(Eisen und Blut)에 의해서만 결정됩니다"라고 단언했다.[6] 비스마르크는 자신이 분명히 당연한 사실을 말했다고 믿었으나 이것은 착각이었다. 이해하기 쉽도록 고른 '철'과 '피', 오늘날까지도 비스마르크라는 이름에 첨부되는 '피와 철(Blut und Eisen)'은 폭풍과도 같은 분노를 일으켰다.

자유주의 성향의 정치가들과 신문들은 비스마르크가 국내의 정치적 갈등을 외교무대로 돌려 무력 통치를 꾀한다는 비판을 가했고, 10월 3일 바덴 출신의 자유주의자 로겐바흐(Franz v. Roggenbach)가 몰(Robert v. Mohl)에게 "비스마르크와 그의 내각을 바로 와해해야 한다"라고 한 것이 그 대표적 일례라 하겠다. 이에 대해 비스마르크는 프로이센 왕권이 여전히 자신의 사명을 제대로 이행하지 못하고 있음을 언급하면서 왕권 역시 하원에서 지향하던 헌법이라는 건물에 순수 장식용 보석을 달게 할 정도로 성숙하지 않았다는 다소 도발적인 발언을 했다.

비스마르크가 하원에서 '철과 피'를 언급한 연설을 하는 동안 빌헬름 1세는 바덴바덴(Baden-Baden)에 머무르고 있었다. 신문에서 '철과 피'라는 기사를 읽은 국왕은 비스마르크에 대한 왕비의 평가가 옳았음을 인정했고 즉시 베를린으로 출발하는 임시 특별열차에 탑승했다. 당시 그는 비

---

[6] '철과 피'는 이내 '피와 철'로 바뀌었다.

스마르크를 수상직에서 파면하려고 했다. 빌헬름 1세의 귀환 소식을 들은 비스마르크는 국왕이 베를린에서 유력 정치가들과 면담한다면 자신의 파면은 피할 수 없음을 인지했다. 따라서 그는 국왕이 오고 있는 방향으로 가는 기차를 탔다. 그는 국왕이 어느 역에서 갈아탈 예정인지 알고 있었기 때문에 세상 사람들이 잘 모르는 그 작은 환승역의 미완성 건물에서 국왕이 탄 열차가 도착하기를 초조하게 기다렸다.

특별열차가 환승역에 도착하자 비스마르크는 열차에 올랐고 거기서 표정이 다소 일그러진 국왕을 볼 수 있었다. 비스마르크는 빌헬름 1세가 더는 수상이 필요하지 않다면서 자신에게 파면이라는 단어를 사용할 것이라고 예상했다. 이에 비스마르크는 선제적으로 자신이 하원에서 행한 연설에서 나온 '철과 피'는 단순히 국왕의 권위를 옹호하는 과정에서 나왔다는 것을 강조했다. 그러나 빌헬름 1세는 상심한 표정으로 앞으로 프로이센에서 어떤 일이 발생하고 종료될지를 잘 안다고 했다. 즉, 그는 오페라 광장에서 수상의 목이 잘리는 모습을 볼 것이며 이어 자신 역시 단두대의 이슬로 사라질 것이라고 했다. 여기서 비스마르크는 재치 있게 답변했는데, 그에 따르면 자신과 국왕은 품위 있게 생을 마감해야 한다는 것이다. 바로 빌헬름 1세는 비스마르크와의 전투에서 벗어날 수 없다는 것도 인지했다. 결국 비스마르크의 신속하고 민첩한 대응 후 국왕은 상관으로부터 명령을 받는 관리로 바뀌게 되었다.

1862년 10월 8일 비스마르크는 수상 겸 외무장관으로 임명되었다. 외무장관으로서 내린 첫 훈령에서 독일어 이외의 언어로 외교문서를 작성해서는 안 된다는 것이 명시되었다. 이는 프로이센이 독일 국가임을 대외적으로 부각하려는 시도에서 나온 것 같다. 그런데 비스마르크는 한 국가의 정책을 수립하고 진행할 수 있는 전권을 가진 수상으로 임명되기 전에 실무 경험은 거의 하지 못했다. 실제로 그는 지방 행정의 말단직을 서너 달에 걸쳐 수행했을 뿐 내각의 장관으로 활동한 적은 없었다. 짧은 의회 활동 기간에도 비스마르크는 하원의 동의를 얻거나 하원 구성원들과 협력하는 작업을 시도하지도 않았다. 1862년 10월 말 빈에서 간행되던 『피가로(Figaro)』에 캐리커처가 하나 게재되었다. 이 풍자화에서 비스마르크는 외알안경을 쓰고 견장이 달린 군복을 입고 군도를 찬 모습으로 묘사되었는데, 이는 당시의 정치적 흐름에 대응하려는 강한 의지에서 나온 것 같다. 실제로 당시 빈 정부의 핵심 인물들은 비스마르크가 군부의 하수인에 불과하며 프로이센을 융커의 영향 아래 두려는 의지를 다지고 있다고 평가했다. 따라서 향후 베를린 정부는 반동적 정부 또는 사벨(Säbel) 정부의 성격을 가질 수밖에 없다는 것이 빈 정부의 생각이었다.

비스마르크는 정치가 논리적 학문이 아니라 상황 변화의 모든 순간에서 가장 적은 피해와 가장 유용한 것을 선택하는 능력이라고 정의하기도 했다. 따라서 그는 향후 내정에 대해 확고한 방향을 설정하지 않았다. 다만 국왕이 절대적 권력을 가지고 헌법 충돌을 계속하기를 바랐을 뿐이다. 실제로 비스마르크는 병역 의무 기간이 2년으로 확정되든 3년으로 확정되든 관심이 없었다. 다만 군제 개혁으로 국왕과 하원과의 대립이 장기화하기를 바랐는데, 그것은 자신의 외교정책에 대한 국왕과 하원의 동의적 분위기가 조성되기 위해서는 적지 않은 시간이 필요하다는 판단에서 나온 것 같다. 물론 빌헬름 1세는 비스마르크와의 독대에서 그에게 외교정책을 독자적으로 수행할 권한을 부여했다. 따라서 비스마르크는 룬과 하원 사이에 조율된 타협안, 즉 룬이 후비군의 위상 보장을 수용한다면, 하원 역시 병사들의 복무 기한을 3년으로 연장한다는 타협안에 동조하지 않았다.

대화를 통해 갈등을 해결하려던 시도가 실패하자, 비스마르크 내각은 대결 노선으로 대응했다. 10월 13일 하원은 폐회를 선언하면서 예산 없는 정부가 되리라고 통보했다. 또한 정부가 헌법을 뒤엎을 속셈이 아니라면, 하원의 승인을 다시 얻으라는 조건도 붙였다. 1863년 1월 중순에 하원이 다시 소집되었을 때 비스마르크 내각은 난처한 상황에 몰렸다. 비스마르크는 하원의 반대로 차기 연도 예산이 확정되지 못한 상황에서 상하 양원의 불일치로 예산이 통과되지 못할 경우를 대비한 헌법 규정이 없다는 것을 파악했다. 따라서 그는 하루라도 국가 통치가 중단되어서는 안 된다는 결함이론(Lückentheorie)을 부각했다.

결함이론은 1862년 여름 루트비히 폰 게를라흐와 클라이스트-레초(Hans Hugo v. Kleist-Retzow)가 여러 신문에서 거론해 사람들의 입에 오르내렸지만, 이미 11년 전에 비스마르크가 제2차 연합지방의회에서 이미 언급한 바 있었다. 어떤 법이 합법적으로 효력을 얻기 위해서는 세 개의 입헌적 권력기관, 곧 국왕과 귀족원(상원)과 하원의 동의가 필요하다. 만약 세 권력 사이의 합의가 이루어지지 않는다면, 헌법은 세 권력 가운데 어느 쪽을 따라야 하는지 전혀 규정하지 않았다. 여기서 어떤 권력도 다른 권력에 양보를 강제할 수 없으므로 헌법은 의사소통을 위한 타협의 길을 걸어야 한다고 정했을 뿐이라는 것이 결함이론의 핵심적 내용이다. 1862년 8월 14일, 룬의 친구이자 본의 저명한 헌법학자인 페르테스(Clemens Theodor Perthes)도 반관반민 신문인 『슈테른차이퉁(Sternzeitung)』에 같은 맥락의 결함이론에 대해 기고했다. 이 기고문에서 페르테스는 국가 예산이 적절한 시기에 하원에서 통과되지 않는다면, 정부는 '국가의 일반적 이익'을 위해 결함을 메꾸어야 한다고 주장했다. 즉, 그는 예산 없이 국가를 한시적으로 운영해야 한다는 관점을 밝힌 것이다.

비스마르크는 프로이센이 영국이 아니기 때문에 베를린 정부는 런던 정부처럼 의회에 대해 책임지지 않아도 되며, 헌법적 교착 상태가 초래된다면 그것을 해결할 권한을 가진 건 오직 국왕뿐이라고 주장했다. 이후 그는 긴급권을 발동하여 예산 승인 없이 국가를 운영하기 시작했다. 이에 하원 의원들은 수상과 현 체제를 바꾸지 않는 한 현재의 위기 상황이 극복될 수 없다는 청원서를 국왕에게 제출했다. 비스마르크는 국왕의 신임을 얻기 위한 싸움에서 모든 정적을 무력화하는 것이 직위를 유지하는 지름길이라는 것을 인지하고 그에 걸맞게 자신의 정책도 바꾸었다. 타협을 포기하고, 오로지 군주와 그의 이익에 전념하겠다는 것을 확실히 국왕에게 보여주기 위해 공개적인 대립 정책을 지향한 것이다. 이로써 하원의 예산권은 무력화되었고, 군제 개혁을 둘러싼 분쟁은 헌법 투쟁(Verfassungskonflikt)으로 비화했다. 비스마르크는 관료와 군대를 장악하고 예산 불승인에도 불구하고 조세 징수를 감행했다. 이때 공무원들이 정부 명령을 이행하지 않거나 야당과 정치적으로 연계한다면 즉시 해임한다는 내부 훈령까지 마련했다. 독일진보당은 국민들에게 납세 거부를 호소했지만, 이를 시도한 자유주의자들에 대한 비스마르크의 탄압은 더욱 강화되었다.

이렇게 비스마르크의 완강한 태도에 부딪힌 독일진보당에게는 현실적인 대응 방법이 없었다. 설사 그들이 무력 행사를 염두에 두었더라도 실제로는 그렇지 못했다. 지도층에서는 강력한 권위주의적 전통을 지닌 국가에서 성공적 저항이란 불가능하다는 점도 인지하고 있었다. 국왕은 배후에 잘 훈련된 20만의 병력과 충성스러운 관료 집단을 거느리고 있었으며, 위기의 순간에는 신민의 전통적 충성심에도 호소할 수 있었으니 말이다. 또한 독일진보당은 곧 왕위를 계승할, 자유주의에 긍정적인 왕세자를 자극하지 않기 위해 섣부른 행동을 자제하려고 했다. 그리하여 조세 거부 운동을 조직화하려는 시도는 무위로 끝났다.

또 정부가 굴복할 때까지 의회 개회를 무기한 연기하자는 제안을 지지한 의원도 한 명뿐이었다. 게다가 독일 진보당원들은 그들 정당의 구조적 취약성을 명확히 인지하고 있었다. 실제로 하원 내에서 그들이 장악한 힘이란 한낱 환상에 불과했다. 투표권자 중에서 비교적 적은 숫자만이 투표했고, 특히 영향력을 가진 상층 중산계급 대다수는 독일진보당을 지지하지 않았다. 그렇다고 해서 독일진보당이 넓은 대중적 지지 기반을 확보한 상태도 아니었다. 이 당의 세력 기반은 하층 중산계급에 있었다. 독일권에서 가장 산업화된 프로이센에서도 여전히 인구의 다수를 차지하던 농민층은 자유주의에 별다른 매력을 느끼지 못했다.

하원의 기능을 무시한 비스마르크의 정책은 메테르니히가 주도한 카를스바트(Karlsbad) 결의를 능가하는 행위였음에도 사실상 그에 대해 저항할 사회 세력은 제대로 형성되지 못한 상황이었다.[7] 이러한 상황에서 하

---

[7] 오스트리아 수상 메테르니히는 1819년 8월 6일 보헤미아의 휴양도시 카를스바트에서 연방비밀회의를 개최했다. 여기에는 오스트리아, 프로이센, 바이에른, 작센, 하노버, 뷔르템베르크, 바덴, 메클렌부르크-슈베린, 메클렌부르크-스트레리츠, 그리고 나사우 대표가 참여했는데 모두 메테르니히 정책을 지지하던 국가들이었다. 메테르니히 주도로 진행된 이 회담에서는 진보적 시민계층의 성장과 활동을 제어하는 방법들이 논의되었고 이 자리에는 메테르니히의 총애를 받던 겐츠(Friedrich v. Gentz)가 핵심적 역할을 담당했다. 회의 참석자들은 독일연방의 약관 13조를 군주제와 연계시켜 해석하려고 했다. 이는 대의제가 명시된 일부 국가들의 헌법을 무력화시키는 동시에 대의제의 도입을 제도적으로 막는 조치로도 볼 수 있을 것이다. 아울러 여기서는 일련의 규제 조항들이 논의되고 통과되었는데 이를 지칭하여 카를스바트 결의라고 한다.
카를스바트 결의의 내용은 다음과 같다. ① 향후 5년간 신문 및 정기간행물에 대해 엄격한 사전 검열을 한다. ② 대학과 고등학교 들은 각국 정부가 지명한 특별전권

원은 비능률적이고 자해에 가까운 분노의 표현만 쏟아냈다. 이 모든 것은 국왕에게 비스마르크의 능력과 신뢰성에 대한 확신을 심어주기에 충분했고, 비스마르크가 국왕에 대한 영향력에서 다른 경쟁자들을 압도하는 계기도 되었다.

당시 비스마르크는 귀족계층의 이익을 대변하는 인물이 아니었다. 그렇다고 그 자신이 자유주의자도 아니었고 그렇게 될 수도 없었다. 단언컨대 비스마르크는 질서 유지를 핵심 가치로 간주한 보수주의를 추종했다. 보수주의는 종교에서 왕권과 교권의 연합을 지향했고, 사회질서 체제에서는 권위를 부각한다. 그리고 경제활동에서는 전통적 엘리트 계층의 특권을 부각했고, 왕권과 그에 협력하는 소수 지배계층이 주도하는 정치를 선호하며, 신분 질서 체제의 복권을 지향 목표로 제시하는 이념이다.

비스마르크는 공직 경력을 가지고 있긴 했지만, 자신을 관료들과 동일시하지 않았다. 그 결과 이념적 제약에서 자유로웠으므로 그의 행동

위원의 엄격한 감독을 받는다. 기존 질서 체제를 위협하는 강의를 하거나 학생들을 선동하는 교수들은 교단에서 추방한다. 추방된 교수들은 독일의 다른 대학에서도 강의할 수 없다. ③ 부르셴샤프트는 즉시 해산시키고 향후 이 학생단체와 계속하여 관계를 유지하는 학생들은 향후 국가관료로 임명하지 않는다. 그리고 특별전권위원이나 대학 평의회의 결정에 따라 제적된 학생들은 독일의 다른 대학에 재입학할 수도 없다. ④ 11명의 법률가로 구성된 중앙조사위원회를 마인츠(Mainz)에 설치하여 각 지역에서의 혁명적 소요를 조사하고 그것을 연방의회에 보고하는 임무도 가지게 한다. 그리고 독일의 모든 국가에서 체포권 및 구인권을 가지게 될 이 위원회는 한시적으로 운영한다.
이러한 카를스바트의 조치로 그동안 대학들이 가졌던 자치권 및 학문적 자유는 대폭 축소되었을 뿐만 아니라 부르셴샤프트의 활동도 금지되었다. 언론의 자유도 크게 위축되었고 각 국가에 대한 메테르니히의 내정 간섭 역시 본격화되었다.

은 예측할 수 없었고, 어떤 상황에서도 상대방을 당황하게 하거나 그들의 차이를 이용하면서 진영을 자유자재로 이동하는 능력마저 갖추게 되었다. 비스마르크는 영국이나 프랑스에서 이미 보편화된 의회 토론에 참여하지 않았다. 프로이센 수상이나 장관들은 하원 의원도 아니었다. 비스마르크는 하원에서 자신의 정책을 제시한 후, 그 정책을 제시하는 이유나 정책의 정당성에 대해서는 언급하려고도 하지 않았다. 정책을 제시하는 과정에서 행해지는 연설은 그의 높고 가냘픈 목소리 때문에 마치 인기 없는 교수의 강의와도 같았다. 비스마르크는 정책에 대한 의원들의 질의를 허용했지만, 그들의 비판이나 비난은 전혀 들으려고 하지 않았다. 그뿐만 아니라 그는 자신에 대한 비판 토론이 시작되면 바로 의회 내에 있는 사무실로 철수하는 등의 자극적인 행동도 종종 자행했다.[8]

2. 덴마크 전쟁

슐레스비히-홀슈타인(Schleswig-Holstein) 문제는 3월혁명 때 이미 부각

---

[8] 수상 겸 외무장관으로 임명된 비스마르크는 빌헬름 가에 있는 외무부 공관으로 이사했다. 원래 이 건물은 프리드리히 2세의 플라토닉한 관계의 내연녀, 순수하고 정신적인 애인이었던 바르베리나(Barberina)가 살던 곳이었다. 공관 건물로는 다소 낡고 협소한 외무부 공관에서 비스마르크는 무려 28년간 살았으나, 방문객들은 그가 임시숙소에 머무르고 있다는 느낌을 받았다. 현관홀과 인접한 집무실에는 책과 유리·도자기로 만든 작은 장식품들이 가득 차 있었고, 책상과 의자 위에는 요양 책, 러시아 문법책, 그리고 값나가는 러시아 황제의 선물들이 널려 있었다. 주방이 일반적인 외무장관 관사의 시설치고는 너무 소박했기 때문에 비스마르크는 매년 외교 사절단과의 만찬을 공관이 아닌 주변 레스토랑에서 개최했다.

된 바 있다. 1111년 작센 대공 주풀린부르크(Lothar v. Supplinburg)가 샤우엔부르크(Adolf v. Schauenburg)를 홀슈타인 백작으로 임명한 후 홀슈타인은 독일계 샤우엔부르크 가문의 영지가 되었다. 1459년 홀슈타인과 슐레스비히의 귀족들, 도시들, 그리고 교회들은 샤우엔부르크 가문의 아돌프 8세(Adolf VIII) 사망 이후 야기될 수 있는 공작들의 충돌을 방지하기 위해 덴마크 왕 크리스티안 1세(Christian I, 1448~1481)를 슐레스비히 공작 겸 홀슈타인 백작으로 선출했다. 이후 그는 슐레스비히와 홀슈타인의 '영원한 비분리'를 선언했는데, 이는 1460년 체결된 리펜(Ripen: Rib) 협약(제9조)에 따른 것이었다. 1474년부터 홀슈타인은 대공국으로 승격되었고, 덴마크 왕 크리스티안 4세(1588~1648)는 홀슈타인 대공 자격으로 30년전쟁(1618~1648)에 참전했다. 1627년부터 시작된 이 전쟁으로 홀슈타인 지역은 황폐해졌고, 이 지역이 경제적·정치적 그리고 사회적으로 덴마크의 통합국가로 흡수되면서 아이더(Eider)강 경계는 형식적인 의미로 전락했다. 이후 덴마크 국왕은 아들들에게 영토를 분배했고 그에 따라 국가 분할도 이루어졌다. 실제로 두 대공국은 오랫동안 덴마크 국왕의 지배를 받았으며, 그중에서 홀슈타인은 1815년부터 독일연방의 일원이었고 이 지방에 살던 사람들의 대다수는 독일어를 사용했다. 3월혁명을 계기로 홀슈타인 지방의 독일계 주민들은 덴마크 지배에 저항했고, 그 과정에서 무력 충돌도 발생했다. 당시 독일계 주민들은 슐레스비히가 명백히 독일령 홀슈타인과 수세기 동안 긴밀히 결합한 영토이기 때문에 독일연방의 일원이 되어야 한다는 주장도 펼쳤다.[9] 이에 반해 덴마크계 주민들은 슐

---

9 홀슈타인 내의 분리된 지역들은 왕국 혹은 공작령이 되었으며, 이는 18세기 후반까지 이어졌다.

레스비히가 덴마크 영토이기 때문에 반드시 덴마크에 포함되어야 한다는 태도를 견지했다.

    1848년 3월 코펜하겐에서 혁명이 발생했고 새로이 구성된 내각에는 덴마크의 민족주의자들이 대거 참여했다. 이에 독일인들은 양 대공국을 덴마크로부터 지키기 위해 3월 23일 킬(Kiel)에 임시정부를 수립하고, 연방의회에 지원도 요청했다. 이후 연방정부는 베젤러(Wilhelm Hartwig Beseler)가 이끌던 킬 정부를 승인하고 프로이센에 양 대공국 문제 개입도 요청했다.[10]

    상황이 이렇게 전개됨에 따라 덴마크 국왕 프레데리크 7세는 슐레스비히에 대한 공격을 선제적으로 단행했다. 이렇게 덴마크의 무력 개입이 가시화되자 프리드리히 빌헬름 4세는 크리스티안 아프 아우구스텐보르크(Christian af Augustenborg) 대공과의 약속에 의해 양 대공국 문제에 개입해야 했다. 그는 대공에게 외세 침입으로부터 양 대공국을 방어하겠다는 약속을 한 상태였기 때문이다. 이에 따라 4월 23일 프로이센군은 양 대공국에 진입했고, 다음 달에는 프로이센군과 연방 파견대 사령관인 브랑겔(Friedrich Heinrich Ernst v. Wrangel) 장군이 덴마크인을 유틀란트(Jütland/Jylland) 남부 지방에서 축출했다.[11]

    그러나 프리드리히 빌헬름 4세는 성급하게 개입했다고 후회하기 시작했는데, 그것은 오스트리아를 비롯한 대다수의 영방국가가 슐레스비히

---

[10] 프랑크푸르트 예비의회는 홀슈타인뿐만 아니라 슐레스비히에서도 프랑크푸르트 국민의회 의원을 선출하겠다는 의사를 밝혔는데, 이것은 덴마크 정부의 강한 반발을 유발했다.

[11] 덴마크와의 전쟁에는 하노버, 메클렌부르크(Mecklenburg), 올덴부르크, 브라운슈바이크, 그리고 한자(Hansa)동맹에 가입한 도시들도 참여했다.

와 홀슈타인에서 프로이센을 지원하지 않았기 때문이다. 아울러 덴마크 해군이 북독일 해안을 봉쇄하여 프로이센의 상업 활동은 큰 타격을 입었다. 이에 따라 프리드리히 빌헬름 4세는 5월 말 브랑겔에게 프로이센군을 남부 유틀란트에서 철수할 것을 명령했다. 이것은 당시 프랑크푸르트 국민의회의 강한 반발을 유발하는 계기도 되었다. 프로이센은 프랑크푸르트 국민의회의 이러한 반발에 관심을 보이지 않았을 뿐만 아니라 브랑겔에게 덴마크와 휴전 협상을 조속히 체결할 것도 명령했다.

8월 26일 스웨덴의 말뫼(Malmö)에서 휴전협정이 조인되면서 프로이센군과 덴마크군은 양 대공국에서 철수했다. 아울러 슐레스비히와 홀슈타인 대공국에서 구성된 의용군을 해산하고, 킬의 임시정부 역시 해산되었다. 그뿐만 아니라 이 정부가 발표한 모든 법령 역시 폐기되었다. 또한 덴마크와 프로이센이 협력하여 가능한 한 빨리 신정부를 출범시키고 이 정부 수반으로 코펜하겐 정부의 신뢰를 받던 몰트케-뉴츠사우(Carl v. Moltke-Nütschau) 백작을 임명한다는 계획과 덴마크 정부가 추진하던 슐레스비히 대공국의 덴마크 편입도 중단한다는 것이 휴전협정에서 명시되었다.[12]

당시 프랑크푸르트 국민의회는 프로이센의 이러한 독자적 행보에 동의하지 않았다. 프랑크푸르트 국민의회는 1848년 6월 9일부터 슐레스비히-홀슈타인 문제에 대한 논의를 개시한 바 있었다. 여기서 달만(Friedrich Christoph Dahlmann)은 독일의 명예를 위해 국민의회가 슐레스비히-홀슈타인 문제에 개입해야 한다고 주장했고, 많은 의원이 동조했다. 달만은 덴

---

[12] 1848년 7월 2일 휴전협정의 초안이 나왔고, 이에 대해 브랑겔 장군 역시 불만을 표했다. 그런데 8월 26일 체결된 휴전협정은 초안보다 덴마크를 더욱 배려하는 내용을 담고 있었다.

마크 측에서 제기되던 슐레스비히 대공국 분할에도 반대하는 입장이었다. 1848년 9월 5일 프랑크푸르트 국민의회는 그들의 동의 없이 프로이센이 독자적으로 체결한 말뫼 조약을 238 대 221의 찬반 투표로 거부했다. 그렇지만 프랑크푸르트 국민의회는 프로이센과의 충돌 가능성과 급진주의자들의 득세를 차단하기 위해 9월 16일 말뫼 조약을 추후 비준할 수밖에 없었다. 비준 과정에서 236명의 의원은 동의하지 않았는데, 이들의 대다수는 좌파 성향의 정치가들이었다. 9월 16일의 비준에 반대했던 의원들이 덴마크와의 전쟁을 속개해야 한다는 안건을 상정했지만, 258명만이 찬성표를 던져 부결되었다. 당시 말뫼 협정이 국민의회에서 추인된 후 그림 형제(Jacob Grimm, Wilhelm Grim)는 "프랑크푸르트 국민의회의 명성 역시 붕괴했다"고 언급했다.

이후 슐레스비히-홀슈타인 문제는 수면 아래에 놓여 있다가 1863년 11월 15일 덴마크의 프레데리크 7세가 후계자 없이 사망한 후 다시 부상했다. 직계 상속자가 없었기 때문에 모계 혈통을 이은 크리스티안 폰 존더부르크-글뤽스부르크(Christian v. Sonderburg-Glücksburg)가 덴마크 왕위를 계승했다. 여기서 슐레스비히-홀슈타인 양 대공국 통합에 필요한 합법적 상속권이 누구에게 있는가를 두고 분쟁이 발생했다. 1850년대 초에 체결된 일련의 국제조약에서는 존더부르크-글뤽스부르크가 선임자인 프레데리크 7세와 같은 조건으로 덴마크 왕위를 계승한다는 것이 명시되었다. 하지만 1863년에 접어들면서 아우구스텐보르크 대공이 양 대공국에 대한 권리를 주장하면서 문제가 제기되기 시작한 것이다.

프레데리크 아프 아우구스텐보르크 대공은 오래전부터 양 대공국에 대한 권리를 주장했지만, 부친 크리스티안 아프 아우구스텐보르크가 이미 1852년 런던 의정서에서 아우구스텐보르크 방계 혈통의 계승권 포기에 동의한 바 있었다. 그 과정에서 200만 탈러에 달하는 분할금이 반대급부로 제공되었다. 그런데 10여 년이 지난 1863년, 그 아들이 자신은 1852년 조약과 무관하다면서 대담하게 스스로를 '슐레스비히-홀슈타인 대공 프리드리히 8세(Friedrich VIII. v. Schleswig-Holstein)'라고 칭하면서 독일 민족주의자들로부터 열렬한 지지를 받았다.

여기서 슐레스비히-홀슈타인 위기에서 확인되는 특징을 살펴보도록 한다. 슐레스비히-홀슈타인 위기에는 당대와 그 이전의 문제가 섞여 있었다. 우선 이 위기는 17세기와 18세기 여러 왕국에서 흔한 사례로서, 통치권자가 남성 후계자 없이 사망한 데서 촉발한 구시대적인 왕조의 위기였다. 이런 점에서 1864년의 갈등을 '덴마크 왕위 계승 전쟁'이라고 지칭할 수도 있을 것이다. 이 위기의 또 다른 발화점이 된 것은 대중운동으로서의 민족주의였다. 슐레스비히-홀슈타인 문제가 독일 민족주의 운동에 준 충격 효과는 이미 1848년의 프랑크푸르트 국민의회에서 경험할 수 있었다. 1863~1864년에 접어들면서 독일 민족주의자들은 양 대공국이 아우구스텐보르크 가문의 통치를 받되 공동으로 독일연방의 일원이 될 것도 요구했다. 민족주의는 덴마크 쪽에도 마찬가지로 결정적인 요소였다. 덴마크 민족주의 운동은 덴마크가 슐레스비히에 대한 권리를 유지해야 한다는 관점을 피력했고, 이는 자유주의적 관점을 지향하던 언론으로부터 절대적 지지를 받았다. 이런 배경에서 경험도 없고 무능한 크리스티안 9세(Christian IX, 1863~1906)가 왕위에 올랐을 때, 일촉즉발의 국내 문제가 발생했다. 당시 코펜하겐 왕궁 밖에서 발생한 시위 때문에 코펜하겐 경찰국장은 수도의 법질서가 붕괴할 수 있다고 우려하기도 했다. 한 치 앞도 알 수 없는 정치적 격변에서 비롯된 불안은 신임 국왕에게 특별한 조처를 하게끔 강요했다.

크리스티안 9세는 1863년 11월 13일 개정헌법에 서명하면서 슐레스비히 대공국을 덴마크에 흡수하려는 의도를 드러냈고, 이는 독일 민족주의자들의 강한 반발을 불러일으켰다.[13] 코펜하겐 정부의 한 장관은 "슐레스비히인들은 그들 등에 슐레스비히인이라는 문구를 자랑스럽게 새겨 넣어야 할 것이다"라고 선동하기도 했다.

　이제 슐레스비히-홀슈타인 양 대공국을 둘러싸고 세 갈래의 입장이 서로 대치하는 상황이 초래되었다. 덴마크는 1863년 개정헌법에서 명시한 대로 슐레스비히 대공국 편입을 주장했다. 독일 민족주의와 독일연방에 속한 대다수 국가는 아우구스텐보르크의 주장을 지지했으며, 무력 개입을 지원할 준비도 된 상태였다. 그러나 프로이센과 오스트리아는 아우구스텐보르크 대공의 주장에 동의하지 않았을 뿐 아니라[14] 덴마크와 아우구스텐보르크 대공에게 1850년과 1852년의 합의 준수를 요구했다. 12월 연방의회에서는 런던 의정서에 따라 이 사태에 개입한다는 결의안이 단 한 표 차로 통과되었다.

　1863년 12월 23일, 소규모 독일연방 파견부대가 덴마크 국경을 넘어 아무 저항도 받지 않고 북쪽으로 진격하며 아이더강 남쪽 홀슈타인의 대부분 지역을 점령했다. 하지만 이를 둘러싸고 곧 연방 내부에서 갈등이 표출되기 시작했다. 1만 2천 명밖에 안 되는 연방 파견대는 무방비 상태

13　당시 크리스티안 9세는 덴마크 왕국의 영토를 확대하여 대덴마크를 출범시키려 했다.
14　특히 비스마르크는 빌헬름 1세가 프레데리크 아프 아우구스텐보르크를 공개적으로 지지하는 것을 막으려 했다. 국왕이 아우구스텐보르크를 지지하는 것이 그와 자유주의자 사이에 화해가 이루어지는 계기가 된다는 것을 비스마르크는 잘 알고 있었다. 이렇게 된다면 독일의 밝은 미래를 기약할 수는 있겠지만, 비스마르크는 파멸할 수도 있기 때문이다.

의 홀슈타인을 점령하는 데 충분했지만, 슐레스비히는 상황이 달랐다. 덴마크에서 강력한 방어 태세를 갖출 것으로 예상되었기 때문에 군사작전이 성공하려면 훨씬 더 많은 병력이 필요했다. 당시 프로이센과 오스트리아는 여전히 행동의 일치를 보이며 슐레스비히를 침공할 준비가 되었다고 선언했다. 하지만 유럽 열강의 입장에서는 단지 1851년과 1852년의 조약을 근거로 개입하는 것이지, 독일연방 자격으로 나선 것도 아니고 아우구스텐보르크 대공의 요구를 지지한다는 의미도 아니었다. 덴마크는 전쟁이 일어난다면 영국의 지원이 있을 것이라고 믿었다. 그러나 빅토리아(Victoria, 1837~1901) 여왕과 그 측근들은 덴마크가 이미 슐레스비히와 홀슈타인 대공국의 권리를 침해했다는 관점을 가지고 있었다. 그 때문에 이들은 덴마크의 기대 또는 요구에 부정적이었다.

1864년 1월 16일, 프로이센과 오스트리아는 공동의 최후통첩을 연방 내 다른 국가와의 협의 없이 따로따로 덴마크에 보냈다.[15] 덴마크가 불응하자, 양국 연합군은 2월 1일 아이더강을 건너 슐레스비히 대공국으로 진입했다. 이것은 1850년대와 1860년대 내내 맞수로 경쟁하던 오스트리아와 프로이센이 조화 및 협력 분위기로 가는 것처럼 보였다. 하지만 외견상 일치하는 목표가 서로 다른 기대에 따른 혼란상을 가렸을 뿐이다. 오스트리아 외무장관 레히베르크-로텐뢰벤 백작이 볼 때, 이 합동 원정은 독일에 대한 오스트리아-프로이센 공동관리의 기반을 닦고 연방에 대한 초지역적 기관을 활성화함으로써 독일 민족주의 운동의 강도도 약

---

15 1863년 12월 20일 비스마르크는 파리 주재 프로이센 대사인 골츠(Robert Heinrich v. Goltz)에게 보낸 서신에서 적절한 시점에 덴마크와 전쟁하겠다고 밝혔다. 아울러 오스트리아와 대립하는 상황에서 벌어진 덴마크 사태에 대한 러시아의 반응도 주시하겠다는 것을 언급했다.

화시키는 좋은 기회였다. 동시에 베를린이 덴마크와 오스트리아의 희생 대가로 슐레스비히 합병 같은 일방적 중대 이익을 확보하는 것도 차단할 수 있었다. 당시 레히베르크-로텐뢰벤은 또 다른 위험 가능성 역시 염두에 두고 있었는데, 그것은 유럽의 간섭주의자 역할을 자처하던 나폴레옹 3세가 프로이센에 슐레스비히-홀슈타인 합병도 허용한다는 메시지를 전달한 데서 연유했다. 비스마르크를 통해 프랑스의 이런 움직임을 상세히 전해 들은 오스트리아 외무장관은 프랑스가 관여한 전쟁이 발생한다면, 이 전쟁은 오스트리아가 감당할 수 없는 전쟁이라는 것도 인지하고 있었다.

비스마르크의 관심사 역시 레히베르크-로텐뢰벤과 별로 다르지 않았다. 슐레스비히-홀슈타인에서 문제가 발생했을 때, 비스마르크는 이 지역에 그리 큰 관심을 보이지 않았다. 홀슈타인에 살던 독일인이 행복해지는 것에도 관심이 없었다. 현 상태 그대로의 독일연방은 그의 계산에 들어 있지 않았다. 그의 궁극적 목적은 양 대공국을 프로이센에 합병하는 것이었다.

어쩌면 프로이센 총참모장 몰트케가 여기에 가장 큰 영향을 미쳤는지도 모른다. 몰트케는 새로운 독립국이 등장하면, 그 국가가 분명히 합스부르크 가문의 위성국이 될 수 있고, 그로 인해 프로이센 북방의 해상 방어선에 빈틈도 생긴다는 이유로 슐레스비히-홀슈타인의 독립 대공국 전환에 반대했다. 하지만 비스마르크도 인지했듯이, 슐레스비히-홀슈타인 대공국의 일방적 합병으로 인해 프로이센은 오스트리아와 나머지 연방 회원국, 어쩌면 일부 유럽 열강까지 합류하는 합동 보복에 노출될 위험도 있었다. 따라서 그는 덴마크와의 전쟁은 반드시 오스트리아와 함께 해야 한다고 생각했다. 여기서 그는 2개국이 3개국을 상대하는 것이 1개국 단독으로 나머지 4개국을 상대하는 것보다 좋다고 말하기도 했다. 특히 몰트케가 경고한 대로 만일 덴마크가 해상 전투력 우위를 바탕으로 본토 병력을 빼내기라도 한다면, 오스트리아의 추가 파견군이 절실하게 필요할지도 모르는 일이었다. 따라서 오스트리아와의 합동작전은 위험성을 줄이고 모든 가능성을 열어놓기 위한 임시 조치였다.

1864년 초, 영국 주도로 런던에서 국제회의가 개최되었다. 이 자리에서 덴마크 정부에 분쟁 종식을 위한 시간이 제공되었지만, 덴마크 정부는 1852년 이전 상황으로 회귀하는 것을 거부했다. 5월부터 회의에 참석한 프로이센과 오스트리아는 양 대공국을 아우구스텐보르크 대공에게 이양할 것을 요구했지만, 덴마크는 이것도 거절했다. 결국 런던 국제회의는 6월 25일 아무런 성과 없이 종료되었다. 슐레스비히-홀슈타인 대공국의 프로이센 편입을 지지하던 나폴레옹 3세는 비스마르크로부터 영토적 보상을 기대했기 때문에 영국이 덴마크를 위해 전쟁에 개입한다면 중립을 지키겠다고 약속했다.

덴마크 전쟁은 덴마크가 강화를 요청한 1864년 8월 1일에 끝났다. 전쟁 중 몇 가지 특이한 상황도 확인할 수 있는데, 무엇보다 프로이센의 군사력이 오스트리아보다 강하지 못했다는 것이 눈에 띈다. 그리고 초기에 저지른 실수 중의 하나는 프로이센 원수인 브랑겔 백작을 연합군 총사령관으로 임명한 것이었다. 브랑겔은 베를린 궁정 보수파로부터 지지를 받았지만, 당시 84세의 고령으로서 뚜렷한 능력도 없는 평범한 장군에 불과했다. 전투 경험이라곤 1848년 혁명 기간에 소요 참여자들을 상대한 것밖에 없었다. 브랑겔이 덴마크에서 서너 번 실수를 저지르는 동안 오스트리아군은 용감하면서도 기술적으로 임무를 수행했다.

1864년 2월 2일 오스트리아의 한 여단이 오베르젤크(Oberselk)에 있는 덴마크 진지를 점령하자, 브랑겔이 달려가 여단장을 껴안고 뺨에 입을 맞추는 바람에 프로이센 지휘관들마저 당황스러워한 일도 있었다. 이로부터 4일 후, 오스트리아의 노스티츠(Nostitz) 여단이 철벽같이 방어하던 덴마크의 외베르제(Oeversee) 요새를 돌파하는 동안 그 측면에 있던 프로이센 1개 근위 사단은 아무런 도움도 주지 못하고 멍하니 구경만 했다. 이것은 반세기 동안 전투 경험이 거의 없는 군대에서 확인되는 실상이었다. 실제로 이들은 국제사회뿐 아니라 군제 개혁이라는 정치투쟁을 지켜본 신민을 향해 필사적으로 용기를 입증하려고 했지만, 맥없이 차질만 빚었다.

두 번째 특이한 상황은 정치적 지도력이 군부의 통솔력보다 우위에 있었다는 것이다. 덴마크 전쟁은 프로이센에서 민간 정치인이 통제권을 최초로 행사한 군사적 분쟁이었다. 전쟁 내내 비스마르크는 자신의 외교목표에 갈등 전개가 확실히 이바지하게끔 유도했다. 그는 전쟁 초기 몇 주간 덴마크군을 유틀란트 반도로 후퇴시키지 않았는데, 이는 합동 원정군이 덴마크 왕국의 영토를 노리고 있지 않다는 것을 유럽 열강에 인지시키려는 의도였다. 물론 브랑겔은 이러한 지시를 어기고 2월 중순 근위병 선발대를 북쪽 유틀란트 국경으로 보내는 실수를 저질렀다. 비스마르크는 국방부 장관을 설득해 고령의 장군을 강력하게 질책하는 메시지를 보냈고, 브랑겔은 5월 중순 비스마르크의 의견에 따라 연합군 총사령관 직에서 해임되었다. 그리고 동맹 구도가 프로이센에 이익을 안겨주는 방향으로 나가게끔 빈과 연락 체계를 감독한 인물 역시 비스마르크였다. 4월 들어, 덴마크 침공을 오래 끌어 다른 열강과 갈등을 빚기보다 슐레스비히에 있는 덴마크의 뒤펠(Düppel) 요새를 선제공격하라고 주장한 인물도 비스마르크였다.

1864년 4월 뒤펠 요새 공격

뒤펠 요새에 대한 공격 결정은 논란을 불러일으켰다. 이곳은 덴마크 진영의 난공불락 요새로서 완벽한 방어시설을 갖추었기 때문에 프로이센군이 정면 공격에서 성공하려면, 많은 사상자가 나오는 것은 불가피했다. "정치적으로 요새를 점령할 필요성이 있다는 거요?" 요새 포위를 담당한 국왕 조카 프리드리히 카를(Friedrich Karl) 왕자가 비스마르크에게 물었다. 왕자는 요새 공격 명령이 떨어진 후에도 "많은 인명이 희생되고 엄청난 비용이 들 것이오. 그리고 군사적 중요성 역시 도무지 이해되지 않소" 등의 발언을 쏟아내며 뒤펠 요새 공략에 대한 부정적 시각을 표출했다.

뒤펠 요새 공격은 사실 군사적인 것보다 정치적 목적에서 비롯되었다. 전면적인 덴마크 침공은 외교적으로는 바람직하지 않았지만, 프로이센군으로서는 눈부신 승리가 필요했다. 지휘관들 사이에서는 불평의 목소리가 높았지만, 비스마르크의 의지가 뚜렷했기 때문에 작전은 그대로 진행되었다. 4월 2일, 프로이센군은 새로 제조한 야포를 사용해 덴마크 방어시설에 맹폭을 가하기 시작했다. 4월 18일, 보병은 프리드리히 카를 왕자의 지휘를 받으면서 뒤펠 요새 공략에 나섰지만, 쉬운 전투는 아니었다. 덴마크군은 심하게 파괴된 방어시설 뒤에서 맹렬하게 반격했고, 다시 언덕을 오르며 프로이센군을 향해 대대적인 공격을 한 다음 참호를 구축했다. 1천 명이 넘는 프로이센군이 전사하거나 부상했고 덴마크군 사상자는 이보다 많은 1,700명이나 되었다.

전쟁 기간 내내 우위를 차지한 비스마르크의 위상은 긴장과 동시에 강한 반감도 유발했다. 군 지휘관들이 반발하자, 비스마르크는 군부가 정치 행위에 간섭할 권리를 가지지 않았음을 거론했다. 이것은 프로이센 정세에서 주목할 만한 발언으로서 1848년 혁명 이후 얼마나 많은 변화가 있었는지를 증명해주는 것이기도 했다. 하지만 군부는 국방부 장관 룬이 1864년 5월 29일에 작성한 비망록에서 강조했듯이 비스마르크의 이런 의도를 수용할 생각이 없었다. 즉 "스스로를 '순수하게' 정치도구나 외교적 수술을 위한 의료 도구로 간주하거나 이해한 군대는 거의 없었고 지금도 마찬가지다. (…) 정부가 특히 국민의 무장 병력에 의존하는 상황이라면 (지금이 그런 상황인데) 정부가 무엇을 하고 무엇을 하지 말아야 하는지에 대한 군부의 견해는 아무래도 상관없는 하찮은 문제가 아니다"라며 반론을 제기했다.

이런 언쟁은 승전의 들뜬 기분 때문에 빠르게 잊혔지만, 그 밑에 깔린 문제는 뒤에 가서 더 매섭고 위협적으로 수면에 떠올랐다. 사실상 행정의 전 분야를 통제해야 한다는 비스마르크의 주장은 갈등을 일시적으로 봉합했지만, 프로이센 최고 지도층에서 빚어진 민군 관계의 구조적 문제점을 해결하지는 못했다.

덴마크에서 거둔 프로이센의 승리, 즉 뒤펠 요새 점령과 6월 29일 알젠(Alsen)섬 정복은 국내의 정치 지형까지 바꿔놓았다. 애국적 열기의 여파로 프로이센 자유주의 운동 내부에 잠복해 있던 반목이 밖으로 표출되기에 이르렀다. 슐레스비히-홀슈타인 양 대공국의 합병을 요구한 아르님-보이첸부르크(Adolf Heinrich Graf. v. Arnim-Boitzenburg) 청원은 보수파뿐만 아니라 수많은 자유주의자를 포함해 7만 명의 서명을 받았다. 프로이센의 성공은 동시에 자유주의자들이 그토록 반대한 개혁 강령의 실효성을 보여주는 것 같았기 때문에 자유주의 진영에서도 강한 긴장감이 맴돌았다. 정부와 화해하려는 욕구가 커지고 있었고, 이런 흐름은 갈등을 질질 끈다면 자유주의 운동 역시 여론의 지지를 상실할지 모른다는 두려움으로 더 뚜렷해졌다.

1864년과 1865년에 걸쳐 비스마르크와 그의 장관들은 자유주의자 대다수를 분열시키고 이들의 인기를 약화시키는 방안을 가지고 하원과 대립했다. 예컨대 해군 양성 법안에서 정부는 고작 2천만 탈러로 무장호위함 두 척을 건조하고 킬(Kiel)에 해군기지를 건설하는 계획을 승인해달라고 요청했다. 독일 해군 창설은 무엇보다 해군 작전이 눈부신 역할을 한 덴마크 전쟁의 여파로 자유주의 노선의 민족주의 운동에서도 집착하는 것이었다. 의원 대다수가 안건을 강력하게 지지했지만, 법안 수용을 거부할 수밖에 없었다. 법정 예산이 없는 상태에서 의회가 새로운 지출 비용을 승인해줄 수 없다는 것이 이유였다. 이러한 하원의 비협조적 태도에 비스마르크는 크게 분노했고, "무능하고 부정적인 자세로 나오는 것 이외에 어떤 행동도 하지 못하는 무능한 집단"에 불과하다고 비하하기도 했다.

  당시 비스마르크가 이런 식으로 도박을 시도할 수 있었던 것은 프로이센 정부의 국고가 넘칠 정도로 가득 차 있었기 때문이다. 1850년대와 1860년대의 프로이센 경제는 제1차 세계 경제 호황에 따른 효과를 누렸다. 철도 연결망과 철강 제련 및 기계 제작 연관 사업에서 이룩한 급속 성장은 경이로운 추세로 증가한 화석 연료 생산에 힘입은 것이었다. 1860년대 라인란트(Rheinlan)주 루르(Ruhr) 지역의 탄광은 연평균 170%의 성장을 기록했고, 이것은 이 지역의 역사에서 전례 없는 경제적·사회적 변화를 가져왔다. 경제 성장은 아주 다양한 차원에서 변화를 나타냈고, 이러한 징후는 계속 유지되었다. 모든 생산 단계에서 품질 향상이 이루어졌고 운송 기반 시설 역시 개선되어 비용 절감 효과도 발생했다. 지금까지 보았듯이, 과거에 성장을 방해했던 갖가지 규제로부터 프로이센 정부가 발을 빼자 고도의 유동성을 지닌 자본시장이 형성되었고, 무역수지

역시 바람직한 방향으로 개선되었다.

비록 1857~1858년의 '제1차 세계 불황'으로 호경기는 어느 정도 둔화했지만, 1860년대는 이전 10년보다 더 광범위한 토대 위에서 견실한 성장 궤도로 복귀했다. 성장이 대부분 중공업 분야에 국한된 1850년대와 달리, 1860년대는 중공업과 섬유산업, 농업을 막론하고 더 조화로운 성장을 이루었다. 이렇게 안정적인 성장 구조는 갈수록 고수익을 내는 은행과 합자회사를 통한 꾸준한 투자 확대로 유지되었다. 1865년 3월 비스마르크는 가까운 친구에게 덴마크와의 전쟁 비용은 지난 2년간의 흑자 예산으로 충당했다고 털어놓았다. 이어 그는 국고에서 200만 탈러를 지원했음에도 가까운 장래에 국가 운영에 어떠한 타격도 줄 것 같지 않다고 했다.

3. 프로이센의 야심

1864년 8월 1일, 덴마크 국왕 크리스티안 9세는 독일연방과 슐레스비히-홀슈타인 양 대공국의 미래와 관련된 결정을 보류한 채 그에 대한 모든 권리를 프로이센과 오스트리아에 양도하고, 양 대공국의 영지를 오스트리아-프로이센 연합군이 관할하도록 했다. 덴마크는 이미 1814년 노르웨이를 스웨덴에 양도한 적이 있었는데 프로이센-오스트리아와의 전쟁에서 다시 패함에 따라 노르웨이, 슐레스비히-홀슈타인 대공국으로 이어지던 덴마크 통합국가는 해체되고 덴마크는 단일 민족국가가 되었다. 당시 덴마크는 국가 영토의 40%와 국민의 3분의 1을 상실했다. 유틀란트반도의 고립영토, 즉 슐레스비히 대공국 내 덴마크 영토는 이 대공국에 통합되었고, 그 대신 덴마크와 슐레스비히 대공국의 경계선에 있는 리펜과 그 주변 지역은 덴마크에 귀속되었다.

이 모든 결정은 독일권 두 강대국의 협력에 기초한 조화로운 2강 지배 체제의 출범처럼 보였다. 그런데 이것은 확실히 오스트리아가 원하고 비스마르크가 최선을 다해 오스트리아의 기대를 부추긴 결과였다.

1864년 8월, 빈 주재 프로이센 대사에게 보낸 훈령에서 비스마르크는 오스트리아의 환심을 살 견해를 제시했다. 즉 "진정한 독일 및 보수 정책은 오스트리아와 프로이센이 상호 협력하여 상황을 주도할 때만 가능하다. 국정을 책임지는 관점에서 볼 때, 양국의 긴밀한 유대는 처음부터 우리의 목표였다. (…) 프로이센과 오스트리아가 협력하지 않는다면, 정치적으로 독일은 존재하지 않는다"고 언급했다.

1864년 8월 23일 비스마르크와 레히베르크-로텐뢰벤은 그들 국왕과 함께 빈에서 회동했다. 여기서 비스마르크는 슐레스비히-홀슈타인 대공국의 프로이센 합병을 요구했고, 레히베르크-로텐뢰벤은 오스트리아의 베네치아 점유에 대한 프로이센의 보증과 향후 발생할 수 있는 오스트리아-이탈리아 전쟁에서 오스트리아가 롬바르디아 지방을 회복하는 데 필요한 지원도 요구했다. 이후 두 사람은 자신들이 제시한 것들을 조정하여 일종의 타협안을 도출했다. 그런데 이렇게 두 사람 사이에 체결된 합의안은 프로이센과 오스트리아의 위정자에 의해 거부되었다. 빌헬름 1세는 프로이센이 양 대공국을 점유할 권한이 없음을 조심스럽게 언급하면서 북독일에서 프로이센의 군사적 지휘권을 인정받으려 했다. 이에 반해 프란츠 요제프 1세는 프로이센 영토의 일부를 보상으로 제시하지 않는 한 슐레스비히-홀슈타인 양 대공국 합병으로 가시화되는 프로이센의 영토 확대를 용인할 수 없었다.

이렇게 오스트리아와의 협상이 결렬됨에 따라 비스마르크는 양 대공국을 프로이센에 합병하고 독일 내에서 오스트리아 세력을 무력화하는 것을 향후 과제로 인식했다. 그리고 필요하다면 전쟁도 불사하겠다는 태도를 밝혔다. 하원의 반대로 군제 개혁이 제대로 이행되지 않더라도 프로이센군의 위상을 증대시킨 후 오스트리아와 전쟁을 벌일 핑계도 찾아야 한다는 것이 비스마르크의 구상이었던 것이다. 그리고 오스트리아와의 전쟁에서 승리한 후, 독일연방을 해체하고 독일 내 중·소국을 프로이센에 합병하여 진정한 통일국가를 출범시킨다는 것이 그가 밝힌 최종 목표였다. 이에 반해 오스트리아는 양 대공국을 독립 국가로 출범시킨 후, 독일연방에도 가입시키려 했다. 당시 독일연방의 대다수 국가 역시 오스트리아의 구상에 동의했다.

이러한 비스마르크의 구상은 이미 1862년 초 미래의 영국 총리 디즈레일리(Benjamin Disraeli)와 대화를 나누는 과정에서 나왔다. 비스마르크는 1862년 12월 4일 베를린 주재 오스트리아 대사 카롤리(Alois v. Károlyi)와의 대화에서 양국 간의 관계가 개선되지 않는다면, 오스트리아와 프로이센 간의 전쟁이 불가피하다는 것을 다시금 언급했다. 이때 비스마르크는 메테르니히 체제 당시 독일에서 프로이센의 위상은 비교적 자유로웠지만, 슈바르첸베르크 정부는 그것을 더는 용인하지 않으려 한다는 것을 지적했다. 이어 그는 프로이센의 영향권인 북부독일의 하노버나 쿠어헤센까지 오스트리아의 영향력이 확대되는 것을 용인할 수 없다고 했다. 아울러 그는 오스트리아처럼 프로이센 역시 독일에서 숨 쉴 공간이 필요하다는 것도 지적했다. 첫 공식 대면에서 비스마르크의 노골적인 전쟁 발언을 듣고 카롤리 또한 재빠르게 상황을 판단했다. 독일을 두 개의 영향권으로 분리하여 독일 북부에서 우위를 확보하려는 프로이센 수상의 의지는 자칫 그 세력권을 남부까지 확대하려 할지 모른다는 의구심마저 가지게 했다.

비스마르크는 다음 해인 1863년 러시아에, 프리드리히 2세가 1756년 했던 것처럼 오스트리아에 대한 기습공격을 감행할지도 모른다는 암시를 했다. 비스마르크의 전술은 공동 점령 상태를 유지하면서 모든 가능성을 열어놓되 기회가 생길 때마다 오스트리아에 시비를 거는 것이었다.

제3장

형제전쟁

형제전쟁

1. 프로이센과 오스트리아의 대립

1864년 10월 친프로이센 성향의 오스트리아 외무장관 레히베르크-로텐뢰벤은 베를린 정부가 10년 전 약속한 오스트리아의 독일 관세동맹 가입을 현실화할 것을 요구했다. 비스마르크는 그 요구를 부분적으로 수용하려고 했지만, 경제 담당 장관이 이의를 제기했다. 그것은 오스트리아가 추진하던 자유교역을 프로이센이 수용할 수 없다는 데서 촉발되었다. 이로 인한 문제로 레히베르크-로텐뢰벤은 해임되고 그 후임으로 멘스도르프-푸일리(Alexander Mensdorff-Pouilly) 백작이 임명되었다.

기병 장군 출신인 신임 외무장관은 코부르크(Coburg) 공국 출신의 어머니와 부인의 자매인 하츠펠트(Gabriele Hatzfeld)를 통해 당시 베를린 왕궁에서 슐라이니츠와 왕비 아우구스타를 중심으로 구축된 반비스마르크 세력과 긴밀한 관계를 유지하고 있었다. 그러나 멘스도르프-푸일리는 외교 문제에 밝지 못한 안일한 인물로서 주로 비스마르크의 적대자들인 비겔레벤(Ludwig Biegeleben)과 에스테르하지(Moritz v. Esterházy) 백작 등의 조언에 의존했다. 특히 비겔레벤은 50년 전에 신성로마제국 황제 지위를 포기한 오스트리아가 독일연방 의장직에서 물러나 프로이센과 동맹 체제를 구축하려 한다는 것을 거론하면서 절대 동의할 수 없다는 생각도 밝혔다. 측근의 영향을 받던 멘스도르프-푸일리 역시 독일 내에서 크게 실추된 오스트리아의 위상을 회복하기 위해 노력했다.

베를린에 대한 오스트리아의 독립성을 부각하기 위해 멘스도르프-푸일리는 프레데리크 아프 아우구스텐보르크 대공을 감싸면서, 슐레스비히-홀슈타인에 대한 대공의 권리를 인정해야 한다고 주장하기 시작했다. 그러나 비스마르크는 양 대공국이 자신의 손아귀에서 벗어나는 것을 허용할 의사가 전혀 없었다. 그는 이미 양 대공국에 대한 프로이센의 지배권을 강화하고 있었고, 오스트리아는 직접적으로 이해관계를 갖고 있지 않은 양 대공국에 대해 곧 관심을 잃게 되리라 믿었다. 그뿐만 아니라 오스트리아는 경제적으로 프로이센을 상대로 전쟁을 벌일 능력도 상실한 상태라는 것을 비스마르크는 파악하고 있었다. 실제로 오스트리아는 흉작과 전염병 등으로 농업 분야가 활성화되지 못했고, 산업 부분에 대한 투자 역시 급감하고 있었다. 경제적 불황으로 1864년의 재정 적자는 무려 2,700만 굴덴에 달했다. 이에 따라 신임 재무장관 라리쉬(Rarishi)는 영국 은행으로부터 국가 운영에 필요한 자금을 빌리는 데 무려 66%의 높은 이자를 물어야 했는데, 이것은 오스트리아의 국가신용도가 매우 낮은 데서 연유한 것 같다.

1864년 11월 비스마르크는 주저하던 연방의회를 압박했고 그에 따라 연방군은 홀슈타인에서 철수했다. 이후부터 오스트리아와 프로이센은 홀슈타인에 대한 전면 통제권까지 갖게 되었다. 1865년 2월 비스마르크는 아우구스텐보르크 대공이 프로이센으로부터 승인받을 수 있는 유일한 조건, 즉 대공국의 주요 정책을 프로이센과 사전에 협의하고 군사 문제는 전적으로 프로이센에 위임해야 한다는 것을 오스트리아에 제시했다. 그러나 대공은 자신이 프로이센의 꼭두각시로 전락하는 것을 거부했고, 오스트리아 역시 그 조건이 전적으로 수락될 수 없는 것이라고 강조하며 대공에게 동조했다. 슐레스비히-홀슈타인에 관해 연방 의견을 더는 묻지 않겠다는 약속에도 불구하고 오스트리아는 1865년 3월 연방의회에서 프레데리크 아프 아우구스텐보르크 대공이 슐레스비히-홀슈타인 대공국의 통치자로 등극하는 것을 승인해야 한다는 바이에른-작센안을 지지했다. 이에 프로이센은 발트해의 해군기지를 단치히(Danzig)에서 킬로 이동하는 것으로 대응했다. 그런데도 연방의회에서 바이에른-작센의 동의안은 통과되었다. 이에 비스마르크는 "이것이 전환점이다. (…) 우리의 열차는 이미 갈림길에 이르렀다"는 불길한 예언도 했다. 바로 양 대공국의 행정을 둘러싸고 베를린과 빈 사이의 마찰이 일어났고, 양국 사이의 관계 역시 갑자기 악화되었다.

    이로부터 약 두 달 후인 5월 29일, 프로이센의 궁정회의, 즉 추밀원 회의에서 국방장관 룬과 참모총장 몰트케는 전쟁 위험을 무릅쓰더라도 슐레스비히-홀슈타인 대공국을 합병하자고 주장했는데, 이는 전쟁을 반대하던 빌헬름 1세의 의향이 약화한 데서 나온 것 같다. 이와는 달리 비스마르크는 절제를 호소하고 나섰는데, 오스트리아와의 타협 가능성이 완전히 사라지지 않았다는 확신에서 연유했다.[1]

---

[1] 1870년 비스마르크는 프로이센 수상으로 임명된 직후부터 오스트리아와의 전쟁은 피할 수 없다고 생각했고, 그것을 이행하는 데 필요한 최적의 방안이 무엇인가도 장기간에 걸쳐 고민했다고 술회했다.

2. 바트 가슈타인 협정

당시 비스마르크는 오스트리아와 갈등을 빚는 문제들을 평화적으로 해결할 방법이 아직 남아 있음을 확신했다. 여름에 접어들면서, 프로이센이 아우구스텐보르크 대공을 홀슈타인에서 축출할 것을 요구함에 따라 베를린과 빈 사이의 긴장은 크게 고조되었다. 이에 비스마르크를 대동한 빌헬름 1세는 1865년 8월 14일 잘츠부르크 인근의 온천휴양지 바트 가슈타인(Bad Gastein)에서 프란츠 요제프 1세와 만났다. 당시 심각한 국내 문제에 시달리던 프란츠 요제프 1세는 타협을 제의했고, 빌헬름 1세 역시 동의했다. 이후 협상은 비스마르크와 오스트리아 측 대표로 참석한 뮌헨 주재 오스트리아 전권 공사 블로메(Gustav v. Blome) 백작 사이에서 진행되어 타결안이 도출되었다.

바트 가슈타인 협정에 따라 슐레스비히와 홀슈타인 대공국에 대한 지배권을 오스트리아와 프로이센이 공동으로 가지는 형태를 유지하되, 임시적인 소유권 분할에도 합의했다. 이에 따라 오스트리아는 홀슈타인 대공국, 프로이센은 슐레스비히 대공국을 각각 통치하게 되었다. 그리고 오스트리아는 홀슈타인 남부에 있는 라우엔부르크(Lauenburg) 대공국에 대한 공동관리권을 250만 덴마크 탈러를 받고 프로이센에 양도하는 형식으로 대공국에 대한 통치권을 포기했다.[2] 육로를 이용하면 홀슈타인을 통과하지 않고서는 슐레스비히에 도달할 수 없으므로 프로이센은 2개 군

---

2 바트 가슈타인 회의에 참석한 프란츠 요제프 1세는 프로이센이 슐레스비히-홀슈타인 대공국을 자국에 합병하는 것을 묵인하지 않으려고 했다. 다만 그는 프로이센이 자국 영토의 일부를 오스트리아에 할애한다면, 프로이센의 의도에 동조하겠다는 생각도 하고 있었다.

사 도로를 이용하여 슐레스비히에 도달할 수 있는 홀슈타인 대공국 통과권도 확보했다. 또한 군사도로 이용권 이외에 홀슈타인을 통과하는 운하와 전신선 건설권이 프로이센에 허용되었다. 양국은 독일연방 직할 함대를 창설하고, 홀슈타인 대공국의 항구도시 킬을 프로이센 관리하의 독일연방 직할 항구로 확장하는 문제에도 합의했다. 그 결과 프로이센의 발트해 해군기지가 단치히에서 킬로 이전되었다. 독일연방과 덴마크 간의 국경을 확실하게 지키기 위해 슐레스비히와 홀슈타인 대공국 사이의 경계 지역인 렌츠부르크에 독일연방 직할 요새를 건설하는 문제에 대한 합의도 가슈타인 협정에 포함되었다. 그러나 독일의 자유주의자들은 가슈타인 협정이 양 대공국 사이의 역사적 유대와 그들을 지배할 아우구스텐보르크 가문의 권리를 일방적으로 무시한 약탈물의 분배라고 격렬히 비난했다.

 가슈타인 협정은 프로이센에 일방적으로 유리한 조약이었기 때문에 프로이센과 오스트리아 간의 긴장은 한층 더 고조될 것임이 분명했다. 프로이센 주도로 소독일주의 원칙에 따른 독일 통일을 합법적으로 모색하던 비스마르크는 오스트리아를 통일 과정에서 합법적으로 배제하는 방법을 홀슈타인에서 찾고자 했다. 즉, 그는 오스트리아 정부가 빈에서 1,300킬로미터 이상 멀리 떨어진 홀슈타인을 프로이센의 팽창주의를 적절히 견제하면서 역외적으로 관리한다는 것은 장기적 안목에서 사실상 불가능한 것도 인지했다. 더구나 라우엔부르크에 대한 공동 소유권을 프로이센에 양도함으로써 홀슈타인은 이제 프로이센 영토 사이, 즉 북쪽의 슐레스비히와 남쪽의 라우엔부르크 사이에 놓이게 되었다.

 바트 가슈타인 협정에서 프로이센이 홀슈타인 북쪽의 슐레스비히 관할권을 획득한 것과 라우엔부르크를 매입한 것은 홀슈타인 점령을 전제로 한 비스마르크의 치밀한 전략적 계산의 결과였다. 이제 프로이센은 슐레스비히를 택함으로써 홀슈타인을 획득하고, 덴마크와 독일 국경을 슐레스비히와 덴마크의 경계선으로 확장하는 일거양득의 효과도 얻게 되었다.

유럽 강대국들은 바트 가슈타인 협정에 관심을 보였고, 그들의 견해는 엇갈렸다. 북해와 북유럽에서의 이해관계가 침해되었다고 생각한 영국과 프랑스는 바트 가슈타인 협정에 동의하지 않았다. 반면 프로이센의 세력 신장을 오스트리아 제국을 견제할 훌륭한 균형추로 간주한 러시아는 프로이센의 영토 확장에 호의적인 반응을 보였다. 크림전쟁이 끝난 후 오스트리아와 러시아의 관계가 악화된 것이 러시아가 프로이센 편을 든 원인으로 작용한 것이다. 러시아 외무장관 고르차코프(Aleksandr Mikhailovich Gorchakov)는 러시아 외교 정책의 근간을 언급했다. 그것은 폴란드 정책에 대한 지지 여부에 따라 우방국과 적국으로 나눠지고 러시아의 폴란드 정책을 지지하는 프로이센은 러시아의 우방국이 분명하다는 것이다.

고르차코프는 원래 비스마르크와 친분이 있었다. 1859년 비스마르크는 러시아 주재 프로이센 대사로 임명된 4월 1일 상트페테르부르크에 도착하여, 빌헬름 왕세제의 조카인 차르 알렉산드르 2세(Aleksandr II, 1855~1881)에게 신임장을 제출했다. 첫 알현은 대단히 이례적으로 2시간이나 걸렸다. 이후 비스마르크는 러시아 황궁과 정부로부터 큰 환대를 받았지만, 자신이 베를린에서 멀리 떨어진 상트페테르부르크에서 근무한다는 사실에 소외감을 느꼈고 '네바강에 던져진 찬밥 신세'라는 기분도 지울 수 없었다. 그런데도 비스마르크는 러시아 외무장관 고르차코프와 거의 매일 대화를 나누었다. 이 과정에서 그는 열일곱 살 위인 고르차코프로부터 외교 정책에 대한 다양한 지식을 얻었다. 실제로 비스마르크는 상트페테르부르크에서 거의 매일 고르차코프를 만나 맥주와 샴페인을 섞은 '블랙 벨벳(Black Velvet)'을 마시고, 아바나산 여송연도 연신 뻑뻑 피웠다. 당시 러시아에서는 거리 흡연이 금지되었는데, 공공장소에서의 흡연 자체를 혁명적 움직임에 동조하는 것으로 인식했기 때문이다. 1856년부터 외무장관으로 활동하던 고르차코프는 당시 비스마르크와 자신의 관계를 '손과 장갑'으로 표현했는데, 그만큼 두 사람의 관계가 매우 긴밀했다.

1865년 9월 15일 라우엔부르크 대공국이 프로이센에 합병된 날, 국왕 빌헬름 1세는 수상 비스마르크에게 프로이센의 세습 백작 작위를 내렸다. 그는 이제 '백작 비스마르크-쇤하우젠(Graf Bismarck-Schönhausen)'이라 불리게 되었다. 작위 수여식에서 빌헬름 1세는 비스마르크가 독일 평화 기여에 크게 이바지한 점을 강조했다.

덴마크와의 전쟁 비용을 충당하기 위해 정부가 요구한 국채 발행을 거부한 프로이센 하원은 라우엔부르크 대공국 합병 역시 반대 251표 찬성 44표로 부결했는데, 합병이 의회의 동의 없이 이뤄졌다는 데서 나온 결과인 것 같다. 의회 결정이 절대적인 영향력을 행사하지 않았지만, 바트 가슈타인 협정으로 체결된 소유권 분할 약속 역시 임시 결정으로 바뀌었다.

그렇다면 비스마르크는 왜 바트 가슈타인 협정에 동의했을까? 그것은 비스마르크가 아직까지 프랑스와 이탈리아를 믿지 못했기 때문에 불가피한 전투에 의한 결정을 단순히 연기한 것 — 비스마르크의 표현을 빌리면 '건물의 갈라진 틈을 메운 것' — 에 지나지 않았다. 당시 비스마르크는 오스트리아가 보인 타협적인 태도에 매우 놀랐다. 비스마르크는 오스트리아의 제안이 양 대공국에 대한 오스트리아의 지배를 느슨하게 하는 것이고, 아우구스텐보르크 대공에 대한 아무 언급도 없는 유리한 것이었으므로 그것을 조건 없이 받아들였다.

그렇다고 해서 홀슈타인으로부터 오스트리아를 배제하고 북부독일을 지배하려는 비스마르크의 결의가 바뀐 것은 아니었다. 협정에 동의하려는 오스트리아 태도가 암시하는 것은 충분한 압력이 가해진다면 전쟁을 치르지 않고서도 프로이센에 양 대공국을 양보할지도 모른다는 것이었다. 실제로 홀슈타인을 차지한 오스트리아는 지리적으로 멀리 떨어진 지역에서 행정적 또는 재정적 부분에서 비효율적 상황이 초래할 수 있다는 것을 인지하고 있었다. 그러나 비스마르크가 명백히 인식하고 있었던 것처럼 독일 내의 세력 분할에 기초한 오스트리아의 전면적 화해는 당시로서는 가능한 것 같지 않았다.

비스마르크 입장에서는 전쟁에 대비하여 프랑스의 태도도 명확히 할 필요가 있었다. 따라서 그는 1865년 10월 프랑스-에스파냐 국경 근처 비스케이(Biscay)만에 있는 휴양도시 비아리츠로 나폴레옹 3세를 찾아갔다. 나폴레옹 3세는 오스트리아가 관여하지 않는 소독일주의 원칙에 따른 통일을 지지하고 있었다. 실제로 나폴레옹 3세는 프로이센이 오스트리아와 충돌한다면 빌헬름 1세를 적극적으로 지지할 것이라는 발언을 했고, 오스트리아 전체가 통합 독일에 참여하는 것을 배제한 모든 방법의 통일도 지지한다고 했다. 그의 관점에 따르면 오스트리아 전체가 참여한 독일 통일은 유럽 내 세력 균형에 위협을 줄 수 있다는 것이다. 프랑스 주재 프로이센 대사로 활동하면서 비스마르크는 프랑스 황제와 대화를 나누거나 독대하는 시간을 통해 나폴레옹 3세가 프로이센에 오스트리아와 전쟁을 하게끔 유도하고, 자국이 중립을 지키는 대가로 라인강 좌안 지역을 확보하려 한다는 것도 알게 되었다.

비스마르크의 반대파들은 전쟁이 일어나면 프랑스가 중립을 지킨다는 조건으로 그가 라인란트를 양도하려 한다고 비난하고 나섰다. 그러나 비아리츠에서 어떠한 확실한 제안이 있었던 것은 아니고, 다만 모종의 시사만이 있었을 뿐이다. 비스마르크는 바트 가슈타인 협정에 대한 프랑스의 우려를 적절히 해소했고, 나폴레옹 3세가 프로이센과 오스트리아 사이에 전쟁이 불가피하다는 것을 믿도록 부추겼다. 나폴레옹 3세는 이 전쟁이 장기화하리라는 전망을 하고 매우 기뻐했다. 실제로 그는 반세기 전 삼촌인 나폴레옹 보나파르트가 했던 것과 마찬가지로 전쟁으로 기진맥진한 해당국들에 모종의 요구 조건을 제시하려고 했다. 즉, 그는 독일권에서 프랑스의 이익을 극대화하고 굳히려는 의도를 가지고 있었다. 한편 비스마르크가 비아리츠에서 추구한 주된 목적은 프랑스와 오스트리아 사이의 동맹을 저지하는 것이었다. 그는 프로이센이 베네치아를 계속 보전하려는 오스트리아를 지원하지 않는다는 것을 나폴레옹 3세에게 확신시켜 자신의 목적을 달성하려고 했다. 실제로 당시 나폴레옹 3세는 베네치아가 이탈리아로 넘어가 프로이센이 더는 로마에 관심을 표명하지 않기를 바라고 있었다. 그리고 프랑스 황제는 이러한 것이 전쟁 없이 실현되기를 기대했다.

나폴레옹 3세는 베네치아에 대한 비스마르크 입장을 확인한 후 즉시 오스트리아와의 동맹 구상도 포기했다. 실제로 프랑스는 비스마르크로부터 벨기에, 룩셈부르크, 그리고 라인강과 프로이센의 자르란트(Saarland)와 바이에른의 팔츠를 둘러싼 모젤(Mosel)강 사이의 지역까지 포함된 영역에서 보상한다는 제안을 얻어낸 것 같다. 그 외에도 프로이센이 독일권에서 팽창한다면, 프랑스에 제공될 보상에 관해 모종의 암시가 있었다. 그런데 나폴레옹 3세는 프랑스 동부 국경에 강력한 독일 통일국가가 등장하는 것을 바라지 않았고, 이를 저지하기 위해 강력한 이탈리아 통일국가의 출범도 막으려고 했다. 당시 그는 강력한 이탈리아 통일국가가 독일 통일의 어머니가 될 것이라고 예측했다. 1866년 독일에서 위기가 심화하고 있을 때, 비스마르크는 프랑스 개입을 우려할 필요가 없다는 확신을 가지고 베를린으로 돌아왔다.

바트 가슈타인 협정에 따른 오스트리아와 프로이센 사이의 관계 개선은 오래가지 못했다. 1865년 말에 이르러 대공국을 둘러싸고 새로운 알력이 생겼다. 1866년 1월 23일 오스트리아는 함부르크 교외인 알토나 (Altona)에서 아우구스텐보르크 대공을 지지하는 대중집회 개최를 허가했다.[3] 비스마르크는 오스트리아의 이러한 처사를 비난했고, 오스트리아-프로이센 동맹을 파기하겠다고 위협했다. 따라서 그는 베를린 주재 오스트리아 대사 카롤리 백작을 소환한 후 슐레스비히-홀슈타인 대공국 합병은 프로이센의 정치적 사활이 걸린 문제이기 때문에 아우구스텐보르크 대공의 통치권에 동의할 수 없다는 태도도 분명히 밝혔다. 베를린으로부터 프로이센의 입장을 전달받은 오스트리아는 홀슈타인이 프로이센의 관심사가 아니라는 것을 천명했다. 이후 동맹은 사실상 붕괴했고, 전쟁 움직임도 감지되었다.

당시 비스마르크는 이원 체제 못지않게 오스트리아와의 동맹에서 비롯되는 중요성과 필요성을 진지하게 생각해왔고, 무엇보다 양국 모두에게 전쟁이 유일한 해결 수단이라고 생각하지 않았다. 그러나 그는 부득이 전쟁을 치러야 할 경우를 대비하여 안팎의 상황에 대한 사전 점검 또

---

3   대중집회에서는 슐레스비히-홀슈타인 신분의회 소집이 요구되었다.

한 필요하다고 판단했다.

1866년 2월 28일 베를린에서 개최된 프로이센 궁정회의, 즉 추밀원에서는 전쟁을 무릅쓰고라도 오스트리아의 도전에 대응하기로 했다. 추밀원 회의 참석자 중에서 오스트리아와의 전쟁에 반대한 사람은 프리드리히 왕세자뿐이었다. 회의에서 비스마르크는 이탈리아와 동맹을 체결하기 위해 피렌체로 특사를 파견하자는 안건도 거론했다. 이에 따라 비밀리에 피렌체로 특사가 파견되어 이탈리아 수상 라 마르모라의 대리인 고보네(Giuseppe Govone)와 회담했고, 거기서 프로이센이 오스트리아와 전쟁할 때 이탈리아가 군사적 지원을 한다면 승리 후 베네치아를 양도한다는 약속도 했다. 베를린 정부의 이러한 행보를 접한 빈 정부는 독일에서 오스트리아의 권리를 보존하기 위해서는 프로이센과의 전쟁이 필요하다는 내부적 결정도 내렸다.

3. 프로이센-이탈리아 비밀 군사동맹

프로이센의 참모총장 몰트케는 승리를 확실히 하기 위해 오스트리아를 양면에서 공격해야 한다고 구상하고 있었다. 비스마르크 역시 이탈리아와의 동맹이 전쟁을 수행하지 않고도 오스트리아를 압박하는 수단이 될 뿐만 아니라 전쟁 발발 후 오스트리아에게 두 전선에서 동시에 싸워야 한다는 부담을 안겨준다는 것을 잘 알고 있었다. 그러나 비스마르크의 의중에서 가장 중요한 비중을 차지한 것은 역시 정치적 고려였다. 만약 이탈리아가 베네치아를 장악할 수 있게끔 프로이센이 지원 약속을 한다면, 나폴레옹 3세는 확실히 중립을 지키리라는 것이다. 또한 여론의 중요성이 부각하기 시작한 시대에 이탈리아 통일을 위한 전쟁은 북부독일에서의 진부한 팽창 전쟁보다 더 나은 평가를 받을 수도 있을 것이다. 이전과 마찬가지로, 비스마르크는 마지막까지 주의를 기울여서 돌파구를 확보하려고 했다. 즉, 그는 이탈리아와의 동맹에서 만약 3개월 이내에 프로이센이 오스트리아와 전쟁에 돌입한다면, 이탈리아가 이에 가담하여 베네치아를 장악한다는 점만 규정한 수완을 발휘했다.

1866년 4월 8일 비스마르크는 이탈리아 왕국의 전권대표 고보네 장군과 베를린에서 3개월 기한의 비밀동맹 조약, 즉 공수동맹을 공식적으로 체결했다. 고보네 장군은 이탈리아 정부가 향후 3개월 이내에 프로이센이 제의한 독일연방 개혁안이 부결되고, 프로이센과 오스트리아 사이에 전쟁이 발발하면 오스트리아에 전쟁을 선포하고, 프로이센의 동의 없는 모든 정전협정 또는 평화조약을 오스트리아 측과 단독으로 체결할 수 없다는 규정에 합의했다. 모두 6개 조항으로 구성된 공수동맹 조약 제5조에서는 조약 체결 3개월 내 프로이센이 오스트리아에 전쟁을 선포하지 않는다면, 조약은 자동으로 폐기된다는 것도 명시되었다. 당시 비스마르크는 고보네 조약을 통해 이탈리아 민족주의를 프로이센과 오스트리아 사이의 전쟁에 이용하려고 했다.

이탈리아와 한시적 군사동맹 체제를 체결한 다음 날인 4월 9일 프로이센은 연방 개혁을 논의하기 위해 보통선거에 기초한 직선제 독일 국민의회(Natinalparlament) 구성을 연방회의(Bundesversammlung)에 제안했다. 독일 내외의 모든 국가가 이러한 제안에 놀랐다. 국왕 빌헬름 1세 역시 "이것은 혁명"이라고 언급했고, 이에 대해 비스마르크는 "만약에 보통선거가 전하를 물결이 절대로 닿지 않는 바위 위에다 올려놓는다면, 그것이 무슨 상관이 있겠습니까?"라는 대답으로 응수했다.

덴마크 전쟁으로 비화한 통일에 대한 염원이 반영된 연방 개혁안은 오스트리아가 주장한 연방 개혁 문제에 반대하기 위해 전 독일인의 참정권 행사로 구성된 독일 제국의회에 힘을 실어주고 각 정부와 타협할 것을 제안하여 오스트리아를 어려움에 처하게 한 적이 있었던 만큼 비스마르크는 이번 역시 예외가 아니기를 기대했다. 그러나 사실상 비스마르크의 전략은 실패로 끝났다. 왜냐하면 독일연방 내 대다수 국가는 비스마르크의 제의를 상습적 정치 도박사의 또 다른 술책으로 간주하고, 별다른 반응을 보이지 않았기 때문이다.

　　프랑크푸르트에 제출한 연방 개혁안과는 별도로, 비스마르크는 바이에른의 지원을 받기 위한 작업에도 착수했다. 비스마르크는 바이에른과 연방군의 최고통수권을 나누는 사안을 협상 테이블에 올려놓았는데, 이것은 바이에른을 오스트리아 못지않은 파트너로 간주하여 북부에서 프로이센의 군사적 주도권을 인정하는 대가로 남부에서 바이에른의 주도권을 인정하겠다는 내용을 담고 있었다. 당시 전쟁 문제를 외면할 수 없는 현실에서 비스마르크로서는 독일 내에서 적법성과 정당성을 확보하는 것이 매우 중요했기 때문이다. 비스마르크의 이러한 접근 시도에도 불구하고 바이에른은 남부독일 국가들과 함께 오스트리아를 지지한다는 결정을 했다. 전쟁이 발발한다면, 오스트리아를 지지하기로 한 남부독일 국가들은 연방 군대를 동원하는 데도 의견을 같이했다. 오스트리아가 주도하던 연방의회 역시 프로이센의 제안을 수용하지 않기로 했다. 당시 대부분의 민주주 진영도 합스부르크 가문에 비우호적이었지만, 오스트리아를 지지하는 분위기로 돌아섰다. 며칠 후 비겔레벤과 에스테르하지는 프란츠 요제프 1세에게 보헤미아 지방에 주둔하던 오스트리아군의 증강이 필요하다고 설득했다.

그런데도 국제적 상황은 프로이센에 유리하게 작용했다. 비스마르크는 영국과 러시아가 전쟁에 개입하지 않을 것이라고 확신하고 있었다. 1866년 러시아는 국내 정치 개혁에 치중했고 오스트리아와의 관계 역시 여전히 냉각 상태였다. 프로이센은 1863년 1월 폴란드에서 발생한 소요 진압을 지원하기 위해 러시아와 알벤슬레벤 협정을 체결한 바 있었다. 이 협정은 1863년 2월 8일 상트페테르부르크에서 프로이센 국왕의 부관 알벤슬레벤(Gustav v. Alvensleben) 중장과 러시아 부수상 고르차코프 사이에 체결된 일종의 군사조약이었다. 조약을 체결하는 과정에서 비스마르크는 독일 통일이 프로이센 주도로 이루어지리라는 것과 폴란드에서의 영토확장에 대해 프로이센은 관심이 없다는 것을 러시아에 인지시켰다. 알벤슬레벤 협정 체결로 프로이센은 러시아 황제의 신임을 얻어낸 반면, 오스트리아는 러시아의 폭력적인 소요 진압을 공개적으로 비판했기 때문에 크림전쟁 이후 악화한 양국 사이의 관계는 더욱 나빠진 것이다.

크림전쟁 이후 조성된 양국 사이의 반목은 이미 1859년 이탈리아의 카보우르(Camillo Cavour)에게 이익을 가져다주었다.[4] 이탈리아에서 위기가 발생했을 때, 마침 프랑크푸르트를 떠나 상트페테르부르크 주재 프로이센 대사로 활동하던 비스마르크는 당시의 교훈을 잊지 않았다. 비스마르크가 계획하던 전략 성패에 결정적 요인이 될 프랑스 역시 방관적 자세를 보일 것으로 예상되었다. 그런데 프로이센이 이탈리아와 동맹체제를 구축한 것은 외국과의 동맹을 금지한 연방헌법 11조 3항, 즉 독일연방

---

4 1852년 사르데냐-피에몬테 왕국의 수상으로 임명된 카보우르는 군대, 사법제도, 재정 시스템, 관료 체제 등을 개혁하고 산업 발전을 촉진해 공장과 철도를 광범위하게 건설하여 사르데냐-피에몬테 왕국을 유럽에서 가장 현대적인 국가로 발전시켰다.

회원국은 독일연방 또는 개별 연방 회원국의 안전을 해치는 조약을 체결해서는 안 된다는 것을 위배하는 행위였다.

4. 형제전쟁

4월 말까지 오스트리아와 프로이센에서는 전쟁 준비가 한창 진행되었다. 오스트리아는 먼저 동원령을 내림으로써 침략의 오명을 쓰지 않으려고 조심했고 그 과정에서 프로이센이 응한다면 오스트리아도 전쟁 준비를 중단하겠다고 제안했다. 빌헬름 1세의 요구에 따라 비스마르크는 마지못해 그에 동의했다. 공식적인 답변에서 비스마르크가 기껏 할 수 있었던 것은 프로이센의 무장 해제는 오스트리아의 태도 여하에 달렸다는 것이었다. 그런데 4월 21일 상황이 급변했다. 이탈리아군이 이동한다는 소문을 들은 오스트리아가 남부 지역 군대를 동원한 것이다. 이러한 소식을 접한 빌헬름 1세도 이제 망설이지 않았다. 그는 오스트리아가 결코 진지한 태도를 보이지 않았음을 확신하고 군사동원령을 내렸다.

오스트리아와의 전쟁이 가시화됨에 따라 비스마르크는 프로이센에 대한 독일권의 전폭적인 지지도 얻어내려고 했다. 민주주의와 민족주의를 경멸하고 있었음에도 비스마르크는 프로이센의 국익을 위해 양자를 이용하는 데 주저하지 않았다. 점차 비스마르크는 남부독일에서 증오 대상으로 떠올랐다. 프로이센 내에서도 형제전쟁만은 피하자는 것이 일반적인 여론이었다. "비스마르크 때문에 좋은 일이 생길 리 없다"는 불만의 목소리도 여기저기서 제기되었다.

5월 7일 5시 튀빙겐대학교 학생인 코엔-블린트(Ferdinand Cohen-Blind)

가 베를린 운터 덴 린덴(Unter den Linden) 거리에서 산책하던 비스마르크를 암살하기 위해 서너 차례에 걸쳐 총격을 가했지만, 비스마르크는 다행스럽게 크게 다친 곳 없이 위기를 모면했다. 이렇게 죽음의 위기에서 벗어난 비스마르크는 측근에게 "신에 의해 선택된 무기(비스마르크를 지칭)가 조국에 축복을 가져다줄 것이다"라는 의미심장한 말을 남겼다.

같은 날 『크로이처 차이퉁』에 루트비히 게를라흐가 긴급 투고를 했다. 여기서 그는 비스마르크의 대오스트리아 정책을 '혁명적 정치'라 평가했고 프로이센 극우 보수주의자들의 선거 표어였던 "오스트리아와 프로이센은 손을 잡아야 한다. 그렇지 않으면 독일은 정상궤도에서 벗어날 것이다(Österreich-Preußen in Hand, Deutschland sonst aus Rand und Band)"를 근거로 제시했다.

비스마르크에게 권총을 빼앗기고 체포된 코엔-블린트가 감옥에서 스스로 목숨을 끊자, 독일 각지에서는 오죽했으면 그랬겠냐며 추모의 물결이 일었다. 당시 뷔르템베르크의 민족주의 신문인 『베오바흐터(Beobachter)』는 이 일에 대해 "한 젊은이가 조국을 악마로부터 구해내기 위해 누구도 감히 하지 못한 일을 자신의 목숨을 걸고 감행한 사건이었다"라고 논평하기도 했다. 그리고 뮌헨에서 간행되던 『시민과 지방민을 위한 배달부(Volksbote für den Bürger und Landmann)』는 총알이 빗나간 것은 매우 유감스러운 사안이라고 했다. 이어 이 신문은 교수형에 처할 인물은 익사하지도 않는다는 격언을 제시했는데, 이것은 비스마르크를 교수형에 처해야 한다는 것을 우회적으로 언급한 것이라 하겠다.

오스트리아에 대한 비스마르크의 전쟁 시도에 대한 비판은 계속 이어졌는데, 사회주의자 베벨(August Bebel)이 5월 20일에 언급한 것도 그중의 하나이다. 베벨은 "독일인 모두는 국가의 권리와 법을 무시하고 남용하는 프로이센의 실력자 비스마르크를 신뢰하지 않는다. 독일에서 주도권을 노리는 프로이센은 결코 자유주의 국가가 아니며, 앞으로도 결단코 그렇게 되지 않을 것이다"라고 언급했다.

비스마르크는 민족적 불만도 이용하려고 했다. 그는 1862년 이후 이탈리아에 머물던 헝가리의 민족 지도자 코슈트 측근의 비밀 요원과 접촉했다. 실제로 당시 헝가리인은 빈 정부가 추진한 독일권에서 오스트리아의 위상 증대 정책과 그에 따라 발생할 수 있는 전쟁에 동의하지 않았다. 따라서 국외에 머무르던 코슈트를 비롯하여 국내에서 활동하던 데악(Ferenc Deak) 등 대표적 정치인들은 일종의 오스트리아 방해 정책을 펼쳤고, 그 과정에서 "당신들의 전쟁은 우리의 전쟁이 아니다"라고 말했다. 특히 헝가리 지역에서 부담하던 재정적 기여는 오스트리아의 아킬레스건이었기 때문에 헝가리인이 반발하는 정책을 빈 정부가 단독으로 추진할 수도 없었다. 전쟁 발발 직전 비스마르크는 오스트리아와 싸울 마자르족 군단의 창설을 고무했고, 세르비아와 루마니아 등지에서 합스부르크 가문에 대항해 민족 감정을 불러일으키려는 시도들도 후원했다.

형제전쟁이 임박한 5월, 비스마르크는 그 어느 때보다 신중했지만 힘든 시기였다. 여론에 흔들리는 국왕을 바라보며 차라리 전쟁 전에 오스트리아 스스로 북이탈리아에 대한 지배적 역할과 독일연방에서 일방적 우위권을 포기하기를 바라는 심정이었다. 그러나 중순에 접어들면서 잠정적인 대치 상태는 전시 체제로 바뀌었고, 어느새 형제전쟁 뉴스가 곳곳에서 들려왔다. 그런데도 비스마르크는 전쟁 직전 두 가지 해결 방안을 제시했는데, 나름대로 전쟁의 불가피함과 정당성을 안팎에 확실히 인식시켜준 후속 조처이기도 했다.

비스마르크가 제시한 첫 번째 해결안은 프랑크푸르트 마인강변의 선을 따라 프로이센과 오스트리아 양국이 독일에 대한 군사적 최고지휘권을 나누자는 가블렌츠(Anton Gablentz)의 제안을 끝까지 이용하는 것이었다. 가블렌츠는 당시 홀슈타인 총독의 동생으로서, 이 분할안과 함께 프로이센 왕자를 슐레스비히-홀슈타인 대공국의 통치자로 임명하자는 제안도 했다. 가블렌츠의 제안이 전쟁을 피할 주된 방편이기는 했으나 그러한 분할은 사실 프로이센이 남부로 세력권을 확장하여 지배권을 장악하기 위한 최적의 출발지가 될 수도 있는 문제였다. 또 하나의 방안은 나폴레옹 3세가 제안한 국제회의를 이용하는 것이었는데, 오스트리아가 이에 동의하지 않으리라는 것을 비스마르크는 잘 알고 있었다.

이 시점에서 비스마르크는 다시 한번 형제전쟁을 피하려고 오스트리아와 협상했다. 비스마르크는 협상에서 프로이센이 마인강 북부지역에서 군사적 주도권을 장악하고, 오스트리아는 마인강 남부지역에서 군사적 우위권을 가져야 한다는 주장을 펼쳤다. 그러나 오스트리아는 비스마르크의 제안을 수용하지 않았다. 당시 오스트리아는 자국의 베네치아 점유에 대한 프로이센의 보장도 요구했는데, 비스마르크는 거부했다. 이전 같으면 비스마르크도 받아들일 요구였지만, 1865년 10월 비아리츠에서 나폴레옹 3세와 합의한 내용 때문에 수용하기를 거부했다.

비스마르크와 마찬가지로 오스트리아 역시 임박한 전쟁을 앞두고 군소 영방국가들의 지지를 얻기 위해 마지막 시도를 모색했다. 1866년 5월 9일 독일 연방의회에 파견된 각국 대표의 대다수는 프로이센 동원령에 대한 설명을 요구하는 결의안을 통과시켰다. 1866년 6월 1일 오스트리아는 연방의회에 슐레스비히-홀슈타인 대공국의 미래를 결정하라고 촉구하는 한편, 홀슈타인 대공국 신분제의회가 그들의 의견을 피력하기 위해 소집될 것이라는 결의도 했다. 비스마르크는 이러한 오스트리아의 제안이 1865년 8월 14일에 체결된 가슈타인 협정을 정면으로 위배한다는 것을 인지했고 그것에 따라 즉시 가슈타인 협정을 파기했다.

협정 파기를 구실로 프로이센은 홀슈타인에 군대를 파견할 권한을 얻어냈고, 6월 7일 실행에 옮겼다. 비스마르크는 오스트리아가 저항하여 전쟁 빌미를 제공해줄 것을 기대했으나, 오스트리아는 저항 없이 하노버로 철수하여 그를 실망시켰다. 불행하게도 오스트리아의 지방군 사령관들은 그들의 정부와는 달리 그 뒤에도 오랫동안 계속 신사답게 행동했다. 프로이센이 홀슈타인 대공국에 병력을 파견한 후, 유럽 강대국들은 양국 사이의 분쟁 조정을 시도했고 이를 구체화하기 위해 국제회의 개최도 모색했다. 그러나 프란츠 요제프 1세는 유럽 열강들의 제의에 부정적이었다.

6월 10일 프로이센은 독일에서 오스트리아를 배제한 '통일국가' 계획의 개략적 윤곽을 제시했다. 다음 날 오스트리아는 프로이센이 바트 가슈타인 협정을 위반했다는 이유로 프로이센에 대항할 연방군 동원을 제안함으로써 프로이센의 홀슈타인 진주에 응수했다. 실제로 오스트리아는 프로이센군의 홀슈타인 침공을 독일연방 규약 위반으로 간주하여 프로이센을 독일 연방의회에 제소했다. 11개 단독 투표권과 6개의 공동 투표권을 합하여 총 17표로 구성된 독일 연방의회 특별위원회는 9 대 6이라는 압도적 다수로 오스트리아가 제출한 연방집행권(Bundesexekution) 발동을 결의했다. 이제 오스트리아와 프로이센의 전쟁은 공식적인 연방 전쟁으로 그 성격이 바뀌었다.

상황이 이렇게 전개됨에 따라 빌헬름 1세는 오스트리아와의 전쟁에 대해 가졌던 약간의 도덕적 가책에서 벗어나게 되었다. 얼마 전까지만 해도 빌헬름 1세는 전쟁에 대한 부담에서 벗어나지 못했다. 비스마르크의 전임자였던 호엔로에는 69세의 국왕과의 독대 과정에서 매우 놀랐는데, 빌헬름 1세가 중환자의 모습을 보였기 때문이다. 실제로 국왕의 얼굴은 몹시 창백했으며, 이마는 깊은 주름 속에 파묻혔고, 과도한 긴장과 근심으로 정신적으로 피곤한 상태였다. 게다가 주변 인물들, 즉 아우구스타 왕비, 왕세자 부부, 그리고 사위인 바덴의 프리드리히 대공은 비스마르크가 주도하던 일종의 '해적정치(Seeräuberpolitik)'를 중단할 것을 요구했다. 그뿐만 아니라 이들은 파리 주재 프로이센 대사 폰 데어 골츠(Robert Graf v. der Goltz) 백작을 비스마르크 후임으로 천거하기도 했다.

이렇게 비스마르크와 반비스마르크 세력의 요구에 시달리던 빌헬름 1세는 잠을 제대로 잘 수 없었고 점차 빈번한 위통과 신경통성 통증에 휘둘리게 되었다. 결국 건강 악화로 빌헬름 1세는 병원에 입원해야 했고, 비스마르크 역시 왕궁이 아닌 병실을 방문하여 모든 것을 보고했다.

시종무관이었던 렌도르프(Lehndorff) 백작이 빌헬름 1세의 당시 심적 불안 상황을 좀 더 구체적으로 알려주고 있다. 1866년 6월 초 룬과 몰트케가 연속해서 국왕에게 보고했다. 그런데 이들은 보고에 대한 국왕의 답변을 듣지 못하고 옆방으로 나왔다. 당시 몰트케와 룬이 국왕에게 보고한 것은 모두 전쟁 준비를 위한 군대 동원과 연계된 것들이었다. 빌헬름 1세는 국방장관과 총참모총장의 건의 사안에 대해 아무런 대답도 하지 않았다. 다만 그는 오스트리아와 평화를 계속해서 유지해야 한다는 태도를 밝혔다.

몰트케와 룬에 이어 비스마르크도 국왕과 면담하려고 했다. 렌도르프는 국왕과 비스마르크의 대화에서 과격한 발언들이 나옴에 따라 주변에 있던 시종들을 물러나게 했고 아무도 옆방에 출입하지 말 것을 명령했다. 비스마르크는 국왕과 대화를 끝낸 후 옆방으로 이동했지만, 그는 매우 당황한 상태에서 오랫동안 서 있었다. 이어 비스마르크는 렌도르프에게 "다시 한번 국왕께 가셔서 대화를 계속하고 싶다고 말씀해주시기를 간절히 부탁드립니다"라고 요청했다. 이에 렌도르프는 국왕에게 가서 비스마르크의 재면담 요청을 전달했지만, 국왕은 일언지하에 거절했다. 비스마르크는 시종장을 밀치고 문을 열어젖히면서 빌헬름 1세와 다시 독대하려고 했다. 시종장은 비스마르크의 무례한 행동을 비판했고 두 사람 사이에 말다툼까지 오갔다. 시종장은 비스마르크를 정신착란증 환자로 간주할 수밖에 없었고 이러한 돌발적 상황에서 렌도르프는 자신의 의무를 수행하기 위해 비스마르크를 국왕의 집무실에서 강제로 밀어내 옆방에 있는 소파에 앉혔다.

비스마르크, 룬, 몰트케(1866)

오스트리아와의 전쟁을 주저하던 빌헬름 1세가 전쟁을 결정함에 따라 베를린 정부는 오스트리아의 수정안을 지지하는 국가들에게 경고성 발언을 했다. 즉, 오스트리아의 수정안에 동조한 국가들은 프로이센에 대해 선전포고를 한 것으로 간주하고 그에 걸맞은 군사적 대응도 불사하겠다는 것이다.

6월 12일 오스트리아와 프로이센은 모든 외교 관계를 단절했다. 같은 날 오스트리아 외무장관 멘스도르프-푸일리는 파리 주재 오스트리아 대사 리하르트 클레멘스 메테르니히(Richard Clemens v. Metternich)를 통해 프랑스와 비밀 조약을 체결했다. 리하르트 클레멘스 메테르니히는 1806년부터 1809년까지 파리 주재 오스트리아 대사를 역임한 클레멘스 벤첼 로타르 메테르니히의 아들이었다. 오스트리아는 프랑스와 체결한 비밀 조약에 따라 프로이센과의 전쟁에서 프랑스가 오스트리아에 우호적인 중립을 취한다면 그에 대한 반대급부로 베네치아를 이탈리아 왕국에 반환하고, 이탈리아와의 전쟁에서 오스트리아가 승리할 때도 베네치아에 대한 처분을 나폴레옹 3세에게 위임한다는 데 동의했다.

프랑스는 오스트리아의 주도권이 유럽의 세력 균형을 저해하지 않는 한 독일연방 내의 판도 변경과 오스트리아의 영토 확대에도 큰 관심이 없었다. 프랑스는 구두로 합의한 별도의 보충 조항에서 오스트리아가 프로이센에 승리한다면 프랑스의 전통적 우방국들인 뷔르템베르크 왕국과 바이에른 왕국에 영토적 보상을 제공할 것과, 프랑스를 위해 라인강 하류 지역, 즉 프로이센의 역외영토가 산재한 니더라인(Niederrhein) 지역에 별도의 친프랑스 제후국 설립도 약속했다. 비밀 조약의 내용에 명문화된 것은 아니었지만, 이러한 구두 합의는 라인강을 자연 국경선으로 확보하려던 프랑스의 역사적 영토정책을 지지하는 결과도 가져왔다.[5]

6월 14일 독일연방은 오스트리아의 수정안, 즉 독일연방군 소집과 프로이센과의 외교 관계 단절 등이 언급된 안을 찬성 9표, 반대 6표, 기권

---

[5] 프로이센과 마찬가지로 오스트리아 역시 베네치아 지방을 중립 대가로 내놓았다. 그리고 1865년 고보네 조약과 마찬가지로 오스트리아가 프랑스와 체결한 비밀 조약 역시 독일 연방의회의 동의를 구하는 절차를 생략했기 때문에 독일연방헌법을 위반한 조약이었다.

1표의 표결로 통과시켰다. 당시 바이에른, 작센, 하노버, 뷔르템베르크, 헤센 대공국, 헤센 선제후국 등은 오스트리아의 입장을 지지했고 바덴은 기권했다. 이러한 결정이 내려짐에 따라 프로이센은 즉시 독일연방 해산을 선언했고, 모든 국가에게 프로이센이 주도하는 새로운 독일 국가 창설에 참여할 것도 요청했다. 6월 15일 프로이센은 작센, 하노버, 헤센-카셀 등에 동원을 해제하고, 프로이센 개혁안을 승인하라는 최후통첩을 보냈다. 이 국가로부터 만족할 만한 답변이 나오지 않자, 프로이센군은 1866년 6월 16일 해당 국가를 침공했고 이로써 전쟁이 시작되었다.

당시 작센 왕국, 바이에른 왕국, 하노버 왕국, 뷔르템베르크 왕국, 바덴 대공국, 헤센 대공국, 헤센 선제후국, 작센-마이닝엔(Sachsen-Meiningen) 공국, 나사우(Nassau) 공국, 샤움부르크-리페(Schaumburg-Lippe) 후국, 로이스 구파(Reuß älterer Linie) 후국 및 프랑크푸르트 자유시가 오스트리아 동맹국으로 전쟁에 참여했다. 반면 올덴부르크(Oldenburg) 대공국, 함부르크(Hanburg), 브레멘(Bremen), 뤼베크(Lübeck), 브라운슈바이크(Braunschweig) 공국, 작센-알텐부르크(Sachsen-Anhalt)공국, 안할트(Anhalt) 공국, 작센-코부르크-고타(Sachsrn-Coburg-Gotha) 공국, 리페(Lippe) 후국, 발데크-퓌르몬트(Waldeck-Pyrmont) 후국은 프로이센을 지지했다. 프로이센은 오스트리아와 전쟁을 벌이기 전에 군대 동원령을 내렸고 3주 만에 전쟁 준비를 완료했으나, 오스트리아는 프로이센의 2배인 6주나 걸렸다.

당대 사람들은 오스트리아의 승리로 끝나게 될 장기전을 예상했다. 파리에서는 4 대 1로 오스트리아의 승리를 점쳤다. 오스트리아는 독일연방 내에서 규모가 큰 국가들의 군사적 지원을 적극적으로 받았지만, 프로이센의 중요한 동맹국은 오직 이탈리아뿐이었다. 프로이센과 체결한 공수동맹에 따라 이탈리아도 6월 20일 오스트리아에 전쟁을 선포했다. 이에 앞서 오스트리아는 이탈리아에 파격적인 제안을 했는데, 이탈리아가 오스트리아-프로이센 전쟁에서 중립을 지킨다면 베네치아를 양도하겠다는 것이었다. 그러나 이탈리아는 프로이센과 체결한 공수동맹 때문에 그러한 제의 수용을 거부했다.

라 마르모라 장군 휘하의 이탈리아군 12만 명은 베르나(Verna)-페스키에라 델 가르다(Peschiera del Garda)-만토바(Mantova)-레냐고(Legnano)를 연결하는 오스트리아 제국의 철벽 4각 요새를 피해 오스트리아 본토를 공격하라는 프로이센군 참모부의 권고를 무시한 채 1866년 6월 23일 베로나 요새를 점령하기 위해 민치오(Mincio)강을 건넜다. 베로나 요새에서 출격한 프란츠 요제프 1세의 숙부인 알브레히트 대공이 이끄는 8만 명의 오스트리아군은 가르다(Garda) 호수와 아디제(Adige)강 사이의 산악지대에 진을 치고, 1866년 6월 24일 이탈리아군을 정면 공격했다.

양국 사이의 전투는 베로나 인근 쿠스토차(Custozza)에서 집중적으로 벌어졌다. 전투가 진행되는 동안 양측은 여러 차례 번갈아가면서 쿠스토차를 점령했으나 마침내 저녁 무렵 오스트리아군이 최종적으로 접수했다. 이에 따라 라 마르모라 장군은 전투를 중단하고 민치오강을 건너 퇴각했다.[6] 이탈리아군의 인명 손실은 약 8,100명에 달했고, 오스트리아군의 희생 역시 7,900명이나 되었다.

쿠스토차 전투는 1866년 8월 12일 오스트리아군과 이탈리아군 사이에 크로몬스 정전협정이 체결되기 전에 남부 전선, 즉 북이탈리아에서 벌어진 마지막 대규모 육상 전투였다. 수량이 풍부한 민치오강이 천혜

---

[6] 전투에서 패한 라 마르모라 장군은 카보우르 백작에 이어 1859년 7월 19일부터 6개월 동안 사르데냐-피에몬테 왕국의 수상으로 활동했었다.

의 방어선을 만들어주었기 때문에 오스트리아는 이 지역에 유명한 베르나-페스키에라 델 가르다-만토바-레냐고를 연결하는 방진 요새를 건설하여 과거에도 이미 여러 차례 이탈리아군에 승리를 거둔 적이 있었다. 특히 민치오강을 통해 서로 연결된 페스키에라 델 가르다 요새와 만토바 요새의 중요성은 "오스트리아는 민치오강에서 지킨다"라는 암호를 오스트리아군이 실제로 사용한 사실에서도 드러났다. 베네치아를 점령하려 한 이탈리아군의 시도는 쿠스토차 전투에서 패함에 따라 무산되었다. 1866년 7월 19일 이탈리아 해군은 39세의 해군 제독 테게트호프(Wilhelm v. Tegetthoff)가 이끄는 오스트리아 해군과 벌인 리싸(Lissa) 해전에서도 대패했다.[7]

당시 오스트리아군이 보유한 대포는 정교했고, 포병대 역시 잘 훈련받은 후 배치되었다. 따라서 비스마르크에 의해 참모총장으로 기용된 몰트케는 고전을 예상했고, 비스마르크 역시 전사할 각오임을 밝혔다. 비스마르크는 "프로이센이 패배한다면 최후 전투에서 생을 마감할 것이다. 누구든 한 번 죽을 뿐이고, 패배한다면 차라리 죽는 편이 더 낫다"라고 비장하게 말했다.

형제전쟁이 진행되는 동안 독일 여론은 반프로이센적 자세를 보였고 특히 비스마르크에 대해 그러했는데, 그는 프로이센의 이익을 위해 독일을 계획적으로 동족상잔의 전쟁으로 몰아넣은 인물로 규탄되었다. 그러

---

[7] 리싸 해전은 아드리아해 달마티아제도의 비스(Vis)섬 근해에서 벌어졌다. 오스트리아 해군은 총톤수, 함정 수, 함포 개수 등 모든 면에서의 열세를 극복하고 이탈리아 해군을 격파했다. 이 해전에서 이탈리아 해군은 상황 역전을 위해 총각 전술을 활용했는데, 뱃머리 등 자신의 선체를 적선에 부딪혀 침몰이나 항해 불능을 유도하는 전술이었다. 그러나 이탈리아 해군이 사용한 총각 전술은 별 효용이 없었다.

나 전쟁에 대한 사람들의 예상은 빗나갔는데, 7주 만에 전쟁이 종료되었기 때문이다. 개전 3일 만에 작센, 하노버, 헤센-카셀이 점령됨에 따라 프로이센은 북부와 중부 독일을 완전히 장악하게 되었다. 그러나 아렌트실트(Alexander v. Arendtshildt) 장군이 이끄는 하노버 왕국군은 프로이센의 마인 군사령관 팔켄슈타인(Eduard Vogel v. Falkenstein) 휘하의 프로이센군과 1866년 6월 27일 고타 북쪽에 있는 랑겐잘차(Langensalza)에서 전투를 벌여 승리를 거뒀다. 그런데 승리한 하노버 왕국군의 사상자가 1,430명으로 프로이센군보다 580명이나 많았고, 식량과 탄약 보급이 중단된 데다가 그사이에 프로이센군에 10만 명에 달하는 남부독일 연합군과 헤센군이 보강되어 그 규모가 하노버군을 훨씬 능가함에 따라 6월 29일 하노버는 랑겐잘차 전투에서 승리한 후 이틀 만에 항복하는 상황에 놓이게 되었다.

이후 하노버 왕국군은 해체되었고, 하노버 왕국은 프로이센의 군정을 거쳐 프로이센에 합병되었다. 폐위된 게오르크 5세(Georg V, 1851~1866)와 그의 장남 에른스트 아우구스트(Ernst Augustus)는 오스트리아로 망명했다. 형제전쟁에서 오스트리아와 동맹을 체결한 대가로 하노버 왕국 최후의 국왕이 된 게오르크 5세는 끝까지 하노버 왕국에 대한 권리를 포기하지 않았고, 프로이센의 하노버 합병도 인정하지 않았다. 젊은 시절에 실명한 비운의 게오르크 5세는 1878년 6월 12일 마지막 망명지인 파리에서 사망했다.[8]

---

8 조지 3세의 후손이었던 게오르크 5세는 컴벌랜드와 테비엇데일 공작(Duke of Cumberland and Teviotdale) 작위를 갖고 있었기 때문에 영국에 체류할 수 있었다. 장남인 에른스트 아우구스트는 영국 및 아일랜드 왕자, 하노버 왕자, 브라운슈바이크-뤼네부르크 공작과 컴벌랜드 공작 칭호를 사용하면서 오버외스트라이히의 휴양도시

오스트리아군은 6월 한 달 동안 연전연패하면서 전력이 크게 약화했기 때문에, 수적으로 우세하고 보유한 병기 역시 월등한 프로이센군을 상대하는 데 한계가 있었다. 당시 오스트리아는 7개 군단을 보유했는데, 이 중에서 3개 군단은 이미 이전에 벌어진 전투에서 큰 피해를 봤기 때문에 190,000명의 병력만이 전장에 재투입되었다. 프로블루스(Problus) 고지는 알베르트(Albert) 왕세자가 이끄는 약 22,000명의 작센군으로 구성된 제8군단이 담당했다. 스티클리츠(Thuisko v. Stieglitz) 중장이 이끄는 작센 제2사단은 프로블루스 고지 후방에, 친위여단은 프로블루스 고지 오른쪽, 제1여단은 프로블루스 고지 왼쪽에 배치되었다. 쉼프(Bernhard v. Schimpff) 중장이 이끄는 작센 제1사단은 루브노(Lubno), 포포비츠(Popowitz), 트레소비츠(Tresowitz) 사이에 집결했고, 프로블루스와 스트레제티츠(Stresetitz) 사이에는 예비군을 집중적으로 배치했다. 작센군의 제3여단은 프로블루스에, 제11여단과 제12여단은 니더프림(Nieder-Prim)에 주둔했다. 오스트리아 제8군단은 오버프림(Ober-Prim)과 그 앞 숲의 좌측에서 프로이센군이 우회하지 않도록 방어했다. 작센 제2사단의 기병대는 포포비츠에 주둔하던 오스트리아 10군단과 연락을 유지했다.

프란츠 요제프 1세는 1859년 8월 24일에 벌어진 프랑스와 사르데냐-피에몬테 동맹군과의 전투에서 패한 오스트리아군을 구출하는 데 기여한 61세의 베네데크(Ludwig August Ritter v. Benedek) 원수에게 마지막 희망을 걸었다. 이탈리아 근무 경력만 가진 베네데크 원수의 직전 직책은 베네

인 그문덴(Gmunden)의 컴벌랜드성에서 1886년부터 1923년까지 은거했다. 컴벌랜드성은 하노버 출신 건축가 쇼르바흐에 의해 1882년 6월 15일에 착공되어 1886년 9월 15일에 완공된 튜더(Tudor) 양식의 네오고딕 건물이다.

베네데크 원수

치아 주둔 오스트리아군 사령관이었다.[9] 따라서 베네데크 원수는 보헤미아 지형에 대한 지식이 없었을 뿐만 아니라, 쾨니히그레츠(Königgrätz)에 도착했을 때 오스트리아군은 이미 앞선 전투에서 병력의 30% 이상을 잃은 상태였다. 오스트리아-작센 연합군에 참여하기로 한 바이에른군은 쾨니히그레츠에 모습을 보이지 않았다. 이러한 상황에서 베네데크는 이전 전투에서의 패배로 약화된 가블렌츠의 10군단과, 리파(Lipa)와 쿨룸(Chlum) 고지를 점령한 에른스트 대공(Erherzog Ernst)의 제3군단을 합친 44,000명을 주력부대로 재편성한 후, 134문의 대포도 재배치하여 곧 전개될 프로이센군과의 일전을 준비했다. 약 55,000명의 병력을 보유한 우익군으로서 페스테틱스(Festetics) 휘하의 제4군단은 마스로베드(Maslowed) 남쪽의 시스토베스(Cistowes)와 네데리스트

---

9 베네데크 장군은 공격이나 방어에 대해 사전에 철저히 숙고하거나 예측하기보다 그때그때 상황에 따라 전략을 세우던 인물이었다. 쾨니히그레츠 전투에서 패한 베네데크는 해임된 후 전쟁재판소에 넘겨졌다. 그러나 베네데크에 대한 재판은 황제의 압력으로 중단되었고 남은 생애 동안 전투에 대해 침묵을 지킬 것도 명령받았다. 베네데크는 황제의 이러한 명령을 준수했다.

(Nedelist)에서, 카를 폰 툰(Karl v. Thun)과 호엔슈타인(Hohenstein) 휘하의 제2군단은 젠드라지츠(Sendrasitz)에서 엘베(Elbe)강까지의 진지를 지켰다. 베네데크는 배후에 총병력의 3분의 1에 달하는 60,000명의 병력과 320문의 대포를 보유한 제1군단과 제6군단을 예비 병력으로 대기시켰다. 이 대형을 통해 그는 프로이센 공격이 전방 방어 위치에서 정체되는 시점에 바로 반격에 나설 생각이었다.[10]

1866년 6월 24일 당시 왕세자 프리드리히가 이끄는 프로이센 제2군단은 슐레스비히를 출발하여 리젠게비르게(Riesengebirge) 산맥을 넘어 보헤미아로 진격했으며, 그 과정에서 나호트(Nachod) 전투와 트라우테나우(Trautenau) 전투가 벌어졌다. 6월 27일부터 28일까지 전개된 트라우테나우 전투는 오스트리아가 프로이센과의 전쟁에서 거둔 유일한 승리였다. 6월 28일 프리드리히의 제2군단은 스칼리츠(Skalitz), 조르(Soor), 그리고 뮌헨그레츠(Münchengrätz)에서 벌어진 오스트리아군과의 전투에서 승리했다.[11]

쾨니히그레츠 전투는 1866년 7월 3일 새벽 4시, 프리드리히 카를(Friedrich Karl)이 이끄는 프로이센 제1군이 비스트리츠(Bistritz)로 진격하면서 시작되었다. 프리드리히 카를의 좌익군인 제7사단은 세레크비치(Cerekwitz)에 도달했고, 선봉군의 역할을 담당한 호른(August v. Horn) 장군의 제

---

10 원래 알브레히트 대공이 프로이센군과의 전투에서 오스트리아군을 이끌 총사령관으로 임명되었지만, 그에게 패배라는 불명예도 안겨줄 수 있다는 황실 우려로 베네데크로 교체되는 실수가 자행되었다. 베네데크는 자신의 임명에 이의를 제기했지만, 프란츠 요제프 1세는 그것을 수용하지 않았다.

11 당시 프로이센은 3군단 체제로 운영되었는데 주력군인 제1군단은 프리드리히 카를(Friedrich Karl) 왕자가 이끌었다. 제3군단은 비텐펠트(Heerwarth v. Bittenfeld) 장군이 지휘했는데, 이 군단은 작센 왕국을 거쳐 보헤미아 지방에 도착했다.

게오르크 블라이프트로이(Georg Bleibtreu)의 〈쾨니히그레츠 전투〉

왼쪽부터 빌헬름 1세, 룬, 비스마르크, 몰트케

8사단은 클레니츠(Klenitz)로 진격했으며, 우익군인 제3사단과 제4사단이 도할리츠(Dohalitz)와 모크로보우스(Mokrowous)를 공략했다. 프로이센군의 제5사단과 제6사단은 제2선에서 사도바(Sadowa) 방향으로 행군했다. 호른의 선발대는 스비에프(Swiep)에서 오스트리아 10군단과 교전을 벌였다. 프로이센군이 비스트리츠(Bistritz)를 건너려 하자, 2명의 오스트리아 군단장은 명성을 얻기 위해 독자적으로 프로이센군 우익을 공격하기로 했다. 여기서 페스테티크스(Festetics)와 툰(Thun)이 이끄는 오스트리아군은 프로이센 제2군의 진군을 저지하기 위해 전선을 구축하기보다 본래 위치를 떠나 서쪽으로 진격하는 무리수를 두었고 그것으로 인해 오스트리아 방어선 북쪽이 프로이센군에 무방비로 노출되는 상황까지 초래했다. 실제로 이것은 프로이센 제2군이 총공격을 가하는 지점이 되기도 했다.

 오전에 오스트리아군은 프로이센 제1군과 대치 상황에 있었다. 프로이센 왕세자의 군대는 아직 전장에 도착하지 않았고, 엘베(Elbe)군은 네하니츠(Nechanitz) 근처의 비스트리츠를 건너지 않은 상태였다. 그 결과 수적으로 열세인 프로이센군에 대한 오스트리아군의 압박은 가중되었다. 실제로 툰과 페스테티크스는 스비에프 숲에서 프로이센군과 격렬한 전투를 벌였다. 프란세키(Eduard v. Fransecky) 소장이 이끄는 프로이센 제7사단, 특히 제27마그데부르크(Magdeburg) 보병연대를 포함한 제2사단은 스비에프 숲에 참호를 구축한 이후 오스트리아 2개 군단의 파상적 공세에 대응하면서 큰 손실을 당했지만, 스비에프 숲을 끝까지 지켜냈다. 이에 페스테티크스 휘하의 오스트리아군은 포병대의 지원 없이 스비에프 숲을 재탈환하려고 했다. 이 과정에서 페스테티크스는 수류탄에 맞아 오른발이 산산조각 났고, 야전사령관 소위 몰리나리(Anton Mollinary)가 추가 공격을 담당했다. 스비에프 숲에서는 격렬한 전투가 지속되었고, 프로이센 제7

사단은 거의 전멸당할 뻔했지만, 오스트리아군 역시 큰 손실을 보았다. 한편 흘라발트(Holawald)에서 어려운 상황에 놓여 있던 프로이센 제8사단은 비텐펠트(Friedrich Adrian Herwerth v. Bittenfeld) 장군이 이끄는 제4사단의 신속한 지원으로 전투력을 회복했다.

오스트리아 장군들은 이미 승리했다는 자부심에 들떠 있었으며, 몰트케의 비정통적인 배치 계획에 대한 분노가 프로이센군 사령부에서 제기되기도 했다. 실제로 그 자리에 있던 빌헬름 1세와 수상 비스마르크도 패배와 그에 따른 후유증에 두려움을 느끼고 있었다. 그런데 12시를 전후하여 반대편 마을인 호레노베스(Horenowes)의 높은 곳에 프로이센 제1근위보병연대가 나타났다. 이어 몰트케의 계획대로 왕세자 프리드리히가 이끄는 프로이센 제2군단도 도착했다. 이들은 남서쪽에서 공격해 온 엘베군과 함께 오스트리아군을 스비에프 숲에서 물리쳤고, 이 숲에서 진지도 구축했다. 오후 1시 45분, 뮌스터-마인회벨(Hugo Eberhard zu Münster-Meinhövel) 장군이 이끄는 제14사단의 프로블루스-슈트레제티츠 방어선에 대한 공격도 시작되었다. 네하니츠(Nechanitz)에서 엘베군의 압박에 직면하여, 작센 군단은 서서히 후퇴하기 시작했다. 오스트리아-작센 연합군에 동참하기로 한 바이에른군은 쾨니히그레츠에 모습을 보이지 않았고 이것 역시 쾨니히그레츠 전투에서 프로이센이 승리한 요인 중의 하나로 작용했다.[12]

---

12 쾨니히그레츠 전투가 끝난 후 빌헬름 1세의 시종무관은 비스마르크에게 "이제 당신은 영웅이 되었습니다. 왕세자께서 조금이라도 늦게 전투에 참여하셨다면, 당신은 최고의 악인으로 역사의 뒤안길로 사라졌을 것입니다"라는 의미심장한 발언을 했다. 오스트리아와 전쟁이 벌어진 이후 빌헬름 1세는 총사령관(Oberbefehlshaber), 몰트케는 참모총장(Generalstabschef)으로 프로이센군을 지휘했다. 이에 반해 예비군 소위였던 비스마르크는 빌헬름 1세에 의해 육군소장(Generalmajor)으로 임명되었

220,984명의 프로이센군과 238,000명의 오스트리아-작센 연합군이 참여한 쾨니히그레츠 전투에서 프로이센은 1,929명의 사망자, 276명의 실종자, 그리고 6,948명의 부상자라는 적지 않은 인적 손실을 보았다. 그러나 오스트리아에서는 이보다 훨씬 많은 5,658명의 사망자, 7,410명의 실종자, 그리고 7,574명의 부상자가 발생했다. 만일 프로이센군이 쾨니히그레츠 전투에서 오스트리아군을 격파하지 못했다면 상황은 아마도 오스트리아에 유리하게 전개될 수도 있었을 것이다. 실제로 프로이센군 진영에서 콜레라가 확산하고, 식량이나 군수 물품 보유량 역시 급격히 줄어드는 상황에서 병사들의 사기마저 크게 떨어지고 있었다.

프로이센의 승리는 병력상 우위에서 비롯된 것이 아니라 오스트리아-작센 연합군과의 대결에서 몰트케의 혁신적 전략이 효과를 발휘했기 때문이다. 오스트리아와의 전쟁에 임한 그의 접근법은 프로이센군을 빠르게 공격 지점에 도착할 수 있게끔 소규모로 나누는 것이었다. 목적은 개별 부대를 마지막 순간에 한 곳으로 집결하게 해서 적에게 결정적인 일격을 가하는 것이었다. 여기서 나온 몰트케의 구호는 "분리하여 행군하고, 결집한 후 공격한다(Getrennt marshieren, vereint schlagen)"였고, 이 전략은 이후의 많은 전투에서도 활용되었다. 이 전략의 이점은 비좁은 국도와 단선 철도에 따른 수송 부담을 줄이고 교통체증도 피하는 데 있었

다. 당시 비스마르크의 주된 과제는 전투 중 국왕이 위험한 상황에 놓일 때 그것으로부터 신속히 벗어나게 하는 것이었다. 전투에서 오스트리아군이 쏜 탄환이 국왕의 머리 옆을 획 소리를 내며 지나가자 비스마르크는 빌헬름 1세에게 후퇴할 것을 요구했으나 국왕은 받아들이지 않았다. 이에 비스마르크는 고의로 국왕이 탄 말의 발굽을 차 측면으로 옮겼고 그리하여 빌헬름 1세는 위험한 장소에서 벗어날 수 있었다. 이 과정에서 빌헬름 1세는 자기 말이 옆으로 이동하는 것을 파악했고 그것이 비스마르크 때문이라는 것도 인지했지만, 아무런 반응도 보이지 않았다.

다. 야전군의 빠른 진격 속도와 기동력은 적군보다 프로이센군이 결정적인 전투 시기와 무대를 결정할 가능성을 높여주었다. 최신 기반 시설 자원을 적절히 활용하는 것이 동원 개념이라 할 수 있는데, 특히 이 개념은 철도와 도로, 전선의 효율적 활용과 관계된 것이라고 할 수 있다. 분산된 각 부대가 직접적으로 연락할 수 있는 범위 밖에 있었기 때문에 사령부는 최신 시설을 이용해 엄격하게 통제할 필요가 있었다. 이 접근법의 잠재적 단점은 쉽게 차질을 빚을 수 있다는 점이었다. 각 부대가 진로를 이탈하거나 서로 속도를 조절하는 데 실패하면, 적군이 월등한 병력으로 이들을 각개 격파할 수도 있는 위험이 따랐다.

이렇게 전략적 접근을 보완한 것은 프로이센 보병을 유럽 최고 수준으로 끌어올리도록 설계된 일련의 조치였다. 1860년대 중반, 프로이센은 유럽의 강대국 중에서 유일하게 후장소총(Hinterlader)으로 무장했다. '드라이제 소총(Dreyse Zündgewehr)' 혹은 '바늘총(Zündnadelgewehr)'이라 불린 무기였다. 본질적으로 근대식 소총으로서 조그만 원통형 약실에 발사체로 구성된 탄약통이 장전되어 있고, 공이치기로 격발하게끔 만든 무기였다. 바늘총은 당시 유럽 대부분의 군대에서 사용하던 전통적인 전장총에 비해 큰 장점이 있었다. 전장총은 1분에 2발을 발사할 수 있지만, 바늘총, 즉 후장총은 이보다 훨씬 많은 7발이나 발사할 수 있었다. 따라서 후장총은 3.5배나 빠른 속도로 재장전해서 다시 발사할 수 있는 장점이 있었다. 또한 후장총은 덤불 뒤에 눕거나 나무 뒤에 서서 재장전할 수 있으므로 이 총을 쓰는 병사는 엄폐물로부터 모습을 드러내지 않고 목표물을 겨냥해 발사할 수 있었으며, 총구에 탄약과 총알을 투입하고 꽂을대로 쑤실 필요도 없었다. 이 무기는 이전의 접근전에서 사용한 방식보다 보병의 화력을 훨씬 더 유연하고 결정적으로 높여주었다.

사실 후장총 기술은 이미 널리 알려졌지만, 대다수 국가에서 이것을 일반적 보병 전투 무기로 도입하지 않았다. 거기에는 충분한 이유가 있었는데, 초기의 후장총 원형이 믿을 수 없는 것으로 알려졌기 때문이다. 또한 후장총은 가스가 완전히 밀폐되지 않을 때가 많아 약실이 폭발하거나 불붙은 화약이 분출할 때도 있었기 때문에 소총수들에게 인기가 없었다. 초기 후장총으로 훈련받은 병사는 노리쇠가 뻑뻑해지면 때로 돌멩이로 쳐서 열어주어야 한다는 것을 잘 알고 있었다. 사격이 빈번할 때는 작동하지 않는 문제점도 있었다. 또 다른 문제점은 이 무기를 받은 병사는 빠르게 사격해서 탄약을 낭비했고 그렇게 해서 쓸모

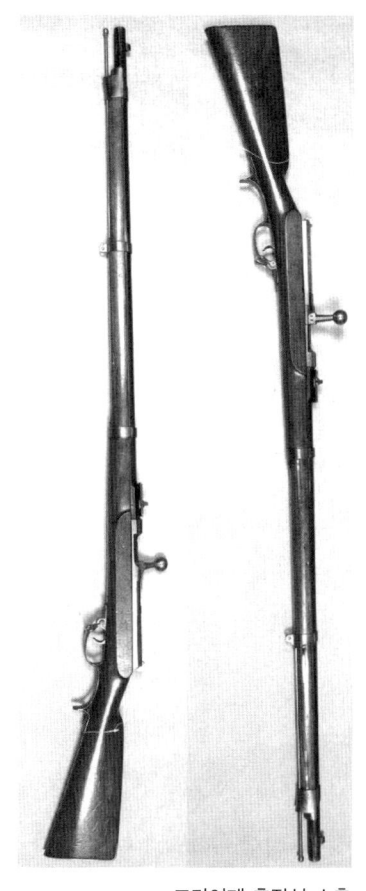

드라이제 후장식 소총

가 없어지면 총을 버리고 전투 현장을 떠난다는 것이다. 이와 반대로 발사 속도가 느린 구식 전장총을 사용하는 병사들은 오히려 보병의 규율을 잘 지켰다. 당시 후장총 도입을 반대한 가장 중요하면서도 단순한 이유는 '돌격전술(Stoßtaktik)'로 알려진 전투 방식이 널리 선호되었다는 점이었다. 이는 심각한 군사적 대치 상황에서 보병의 화력은 결국 2차적인 의미밖에 없다는 생각에서 나온 것이었다. 고도의 정확성과 집중 발포에 초점을 맞춘 것은 포병이었다. 그런데 전

선에서 큰 비중을 차지한 것은 쟁탈지에서 적군을 격퇴하는 능력이었고, 이 목표를 달성하려면 착검한 보병이 대규모로 신속하게 돌격하는 것이 제일 나은 방법이었다.

프로이센군은 드라이제 소총의 원형을 엄격하게 테스트하고 개선함으로써 이 무기의 취약점 모두를 제거했다. 그 결과 단계별로 세부 설계가 꾸준히 개선되었고 생산 공정과 탄약에 드는 비용 역시 낮아졌다. 동시에 무기를 사용하는 병사들의 정확한 사격과 사격 군기 개선에 집중했다. 오스트리아군이 사격 연습에 드는 비용을 감축하고 돌격 전술에 의존하던 1862~1864년에 프로이센군은 광범위한 사격술 제도를 도입했다. 형제전쟁에서 프로이센이 지향한 속도의 이점이 오스트리아가 고집한 사거리 이점을 능가한다는 것도 입증되었다. 전쟁의 승패가 갈린 쾨니히그레츠 전투에서 다시금 속도의 이점이 우위를 차지했다.

여기에 더해 베네데크 원수의 참모장 헨니크슈타인(Hennigstein) 중장이 교체된 것과 하급 지휘관 수가 부족했다는 점도 패전의 중요한 요인으로 작용했다. 그뿐만 아니라 오스트리아를 지지한다고 표방한 국가 중에서 헤센-다름슈타트와 나사우 공국만이 군대를 출병시킬 수준이었고 다른 대부분의 우방국은 프로이센군에 대항하려는 의지조차 갖추지 못한 상태 역시 오스트리아가 패전한 요인이었다. 특히 바이에른의 경우, 비스마르크의 감언이설이 작용한 탓도 있었지만, 정치적·군사적 주도권 문제를 비롯하여 친오스트리아도 친프로이센도 아닌 자국의 여론 탓에 최종적으로 오스트리아 편에 서기까지 너무나 많은 시간을 소진하는 실수도 저질렀다.

쾨니히그레츠 전투에서 패한 직후, 오스트리아는 프로이센에 휴전 협상을 제의했지만 거절당했다. 승리한 프로이센군은 7월 8일 비텐펠트가 이끄는 엘베군이 프라하를 점령했고, 빌헬름 1세의 조카인 프리드리히 카를 니콜라우스(Friedrich Karl Nikolaus) 왕자의 제1군은 오스트리아 수도를 점령하기 위해 브륀(Brünn)으로, 프리드리히 왕세자의 제2군은 베네데크가 이끌던 잔여 오스트리아군을 추격하면서 올뮈츠로 진입했다. 그러자 오스트리아군의 잔여 병력과 동맹국 작센군이 빈에 집결했는데, 프로이센군의 침공으로부터 수도를 방어하는 조치였다.

프로이센군의 선발부대가 오스트리아 국경을 넘어 니더외스터라이히의 마르히펠트(Marchfeld)에 도달한 것은 1866년 7월 20일이었다. 7월 22일 프란세키 휘하의 프로이센 제1군 예하 4군단이 빈으로 가는 길목인 프레스부르크로 진격하여 블루메나우(Blumenau)에서 오스트리아군과 소규모 전투를 벌였다. 이 전투는 형제전쟁에서 프로이센군과 오스트리아군이 벌인 마지막 전투로, 프로이센이 승리를 거두었다. 오스트리아 제국 수도 빈은 프레스부르크로부터 철로로 불과 69킬로미터 거리에 있었다. 몰트케의 명령이 떨어지면, 빈은 2시간 이내에 프로이센군에 의해 점령될 수 있었다.

그런데 비스마르크는 쾨니히그레츠 전투에서 승리한 이후부터 가능한 한 빨리 빈 정부를 휴전 협상에 참여시키는 방법을 모색했고, 빈 정부의 민족 정책에 강한 불만을 가졌던 제국 내 슬라브 민족들도 이용하려고 했다. 따라서 그는 7월 11일 슬라브 정치가들, 특히 체코 정치가들을 겨냥하여 다음과 같은 제안을 했다. 만일 체코 민족이 오스트리아에 반기를 든다면 베를린 정부는 자치권을 획득할 수 있게끔 협조와 지지를 아끼지 않겠다는 것이었다. 이어 프로이센이 오래전부터 체코 민족의 역사적 제 권리를 인정했기 때문에 그러한 정책을 시행하는 데 아무런 문제도 제기되지 않을 것이라고도 했다. 팔라츠키(František Palacký)와 리게르

(František Rieger)를 비롯한 체코 정치가들의 대다수는 프로이센이 전쟁 목표로 제시한 "오스트리아를 독일권에서 추방한다"는 것에 대해 긍정적인 반응을 보였다.[13] 그러나 이들은 비스마르크의 제의에 동의하지 않았는데, 소수민족에 대한 프로이센의 배려 정책이 오스트리아보다 훨씬 미흡하리라는 판단에서 나온 것 같다. 또한 프로이센의 자본, 야욕 그리고 이기심으로 인해 체코 민족이 짧은 기간 내에 해체 또는 말살되리라는 두려움도 가지고 있었다.

형제전쟁에서 승리한 후 비스마르크를 향한 환호성이 독일 곳곳에서 울려 퍼졌다. 승전 소식에 애국 분위기는 고양되었고, 여론은 감동의 물결 자체였다. 프로테스탄트의 『할레 민중신문(Hallesche Volksblatt)』은 쾨니히

---

13 1848년 3월혁명이 발생한 이후 독일의 통합이 구체화함에 따라 팔라츠키를 비롯한 체코 정치가들은 독일의 통합과 오스트리아 제국에 대한 입장을 정리하고 필요한 정책도 준비했다. 이후 팔라츠키는 프랑크푸르트 예비의회로 거절 편지를 보냈다. 그의 친오스트리아 슬라브주의(Ausroslawismus)적 관점, 즉 오스트리아 제국의 존재를 인정한 후 이 제국에서 민족적 자치권을 획득한다는 관점을 밝힌 편지였다. 이렇게 그가 친오스트리아 슬라브주의적 관점을 피력한 것은 민족주의 원칙에 따라 체코 민족이 오스트리아 제국에서 독립을 모색하면 당시 러시아가 지향하던 범슬라브주의의 희생물이 될 수밖에 없다는 우려와 빈 정부가 제국 내에서 반수 이상을 차지하던 슬라브 민족의 정치적 요구를 더는 무시할 수 없다는 판단에서 비롯된 것 같다. 1848년 5월 말 유럽 내 슬라브 제 민족의 결속을 위해 개최된 프라하 슬라브 민족 회의와 이어 개원된 빈과 크렘지어(Kremsier) 제국의회에서 슬라브 정치가들, 특히 체코 정치가들은 친오스트리아 슬라브주의적 관점을 계속 피력했지만, 당시 빈의 핵심 정치가들은 이를 수용하지 않았는데 그 이유로는 혁명 세력에 대한 반혁명 세력이 다시금 우위를 차지한 것과 제국 내 민족문제의 심각성을 제대로 인지하지 못한 것을 들 수 있다. 당시 비스마르크는 심각한 민족문제를 해결하지 못하던 빈 정부에 실망한 체코 정치가들에게 접근했는데 그것은 실제로 체코 민족의 지위 향상에 기여한다는 것보다 형제전쟁 종식에 도움이 될 수 있다는 판단에서 비롯되었다.

그레츠 대승을 대서특필하며 프로이센의 도덕적·정신적 우월성을 찬양했다. 비스마르크의 승전 소식은 유럽 전체에 빠르게 전해졌다. 특히 오스트리아의 패전은 로마교황청을 당혹하게 했다. 로마교황청 국무장관 안토넬리(Giacomo Antonelli) 추기경은 "세상이 무너졌다, 세상이 무너졌어!(Casca il mondo, Casca il mondo!)"라는 비탄 섞인 발언을 했다. 영국의 『스펙테이터(The Spectator)』도 프로이센이 일순간에 유럽 최대강국으로 부상했음을 부인하지 않았다. 프로이센 수상이 된 비스마르크는 오스트리아와의 전쟁에서 대승을 거두었다. 승리하기 전까지만 해도 죽음의 무덤과 국민적 영웅이라는 갈림길에 서 있던 그였다. 그러나 이제는 그 스스로 "적군을 모두 격파했다"라고 외칠 수 있을 정도로 정상의 위치에 올라섰다.

나폴레옹 3세는 쾨니히그레츠 전투 소식을 듣고 다른 사람들과 마찬가지로 매우 놀랐다. 그러나 오스트리아가 베네치아 인도를 제의하면서, 평화 회복을 위한 그의 도움을 요청한 후 비로소 상황을 파악했다. 7월 5일 나폴레옹 3세는 중재자로서 행동할 의사를 밝혔다. 만일 프로이센이 이를 거부한다면 프랑스의 즉각적인 군사 개입이 있을 것이고, 또 오스트리아의 패배에 충격을 받은 러시아 역시 참전하게 될 것으로 판단한 비스마르크는 나폴레옹 3세의 제안을 수락하지 않을 수 없었다. 실제로 나폴레옹 3세는 짧은 시간 내 프랑스군 동원이 제대로 이루어지지 않더라도 프로이센이 동맹국 지원을 받지 않는다면 공격 명령도 내리려고 했다. 이러한 나폴레옹 3세의 대응을 접한 비스마르크는 기회가 제공된다면 즉시 갈리아인(Gailler), 즉 프랑스인에게 복수하겠다고 결심했다.

1866년 7월 22일 12시를 기해 시작된 5일간의 휴전을 활용하여 모라비아의 남부 도시 니콜스부르크(Nikolsburg)성에서 예비 평화조약 회담이

니콜스부르크에서 열린 예비 평화조약 회담

개최되었다.[14] 예비 평화조약 체결을 위한 실무회담은 비스마르크와 2명의 오스트리아 전권대표인 베를린 주재 오스트리아 대사 카로이 백작과 뮌헨과 아테네에서 대사를 역임한 브렌너-펠자흐 남작 사이에서 진행되었다. 비스마르크는 협상에서 오스트리아에 제시한 조건들을 나폴레옹 3세 역시 인정해야 한다는 것도 부각했다. 당시 패전국인 오스트리아에 제시된 조건들에는 독일연방을 해체하고 오스트리아가 배제된 북독일연방이 대신하리라는 것이 명시되었다.

그리고 마인강 이북에서 압도적 군사력을 보유하게 된 프로이센이 슐레스비히-홀슈타인, 하노버, 헤센-카셀, 프랑크푸르트, 그리고 나사우 등을 병합하는 것도 언급되었다. 당시 비스마르크는 미래 동맹국으로서의 오스트리아를 잃지 않기 위해 베네치아를 초과하는 영토 보상을 오스트리아에 요구할 의사가 없었다.

총 9개 조항으로 구성된 니콜스부르크 예비 평화조약이 얼마나 신속하고, 전격적으로 체결되었는가는 이 조약이 오스트리아군과 프로이센 간의 마지막 전투인 블루메나우 전투가 있은 지 불과 4일 후인 1866년 7월 26일에 체결되었고, 남독일 전선에서는 예비 평화조약이 체결된 당일에도 독일연방 7군인 바이에른 단독군단과 프로이센군 사이의 전투가 헬름슈타트(Helmstadt) 근처에서 벌어졌고, 오스트리아군이 포함된 제8군단과 프로이센군 간의 전투가 비팅엔(Wittingen)에서 전개되었다. 니콜스부르크 예비 평화조약은 오스트리아 국방부 장관 데겐펠트-손부르크 (Degenfeld-Schonburg) 원수와 프로이센 참모총장 몰트케에 의해 1866년 7

---

14 니콜스부르크성은 형제전쟁 기간 중 빌헬름 1세와 비스마르크, 그리고 프로이센 총사령관을 위한 숙소 겸 지휘본부였다.

월 26일에 조인되었다. 프로이센은 오스트리아의 동맹국이었던 바이에른 왕국, 작센 왕국, 뷔르템베르크 왕국, 바덴 대공국, 헤센 대공국과 별도 평화조약을 체결했다. 바이에른은 영토 일부를 프로이센에 양도하고 3,000만 굴덴을 전쟁배상금으로 납부해야 했고, 뷔르템베르크 역시 800만 굴덴을 전쟁보상금으로 지불해야 했다. 바덴 대공국과 헤센 대공국도 전쟁보상금을 프로이센에 각각 600만 굴덴과 300만 굴덴을 내야 했다.

이렇게 니콜스부르크 예비 평화조약 회담이 신속하게 진행됨에 따라 나폴레옹 3세는 최종 평화조약이 체결되기 전에 프랑스 역할에 대한 최소한의 보상을 챙기기 위해 1814년으로 소급하여 당시 프랑스 영토였던 란다우(Landau)와 자르브뤼켄(Saarbrücken) 양도를 요구했다. 그뿐만 아니라 나폴레옹 3세는 룩셈부르크를 자국에 편입하려고도 했다.

프로이센의 동맹국이었던 이탈리아는 육전과 해전에서 패배했지만, 오스트리아와 프로이센 사이에 체결된 니콜스부르크 예비 평화조약에 동의하지 않았는데 그것은 형제전쟁을 이용하여 이탈리아 통일을 완성하려 한 데서 비롯되었다. 육전과 해전에서 모두 패한 이탈리아가 승전국의 지위에서 오스트리아와 평화협상을 위한 테이블에 마주 앉은 것은 니콜스부르크 예비 평화조약이 체결되고도 열흘이 더 지나서였다. 8월 5일 이후부터 이어진 지루한 협상을 토대로 1866년 8월 12일 괴르츠(Görz) 서쪽의 오스트리아령 코르몬스(Cormons)에서 4주간의 정전협정이 오스트리아와 이탈리아 사이에 체결되었다. 코르몬스 정전협정의 유효기간이 만료된 1866년 8월 30일부터 빈에서 양국 간 평화협상이 시작되었다. 여기서 이탈리아는 이미 양도받기로 한 베네치아뿐만 아니라 가리발디(Giuseppe Garibaldi)가 지휘한 의용단이 점령한 남티롤과 아드리아(Adria)해 연안 지역인 고리치아(Gorzia), 그라디스카(Gradisca) 및 트리에스테(Trieste)까지도 반환할 것을 오스트리아에 요구했다. 이에 대응하여 오스트리아는 1859년 솔페리노(Solferino) 전투에서 프랑스에 패한 뒤 프랑스 및 사르데냐-피에몬테 왕국과 체결한 취리히(Zürich) 평화조약에서 롬바르디아를 이탈리아에 반환하고도 여전히 보유, 운용해온 만토바, 페스키에라 델 가르다, 레냐고, 그리고 베르나 등 4개 요새의 양도에 따른 배상을 이탈리아에 요구함과 동시에 베네치아 왕국의 누적된 국가채무를 이탈리아가 변제할 것도 제시함으로써 이탈리아 요구에 맞불을 놓았다. 이탈리아와 오스트리아의 서로 다른 주장으로 평화협상 체결이 지연되자, 베로나와 키오자(Chiaggia)에서 오스트리아군과 이탈리아군 사이에 소규모 시가전까지 발생했다. 이에 비스마르크와 나폴레옹 3세가 나서서 베네치아 양도를 초과하는 이탈리아의 영토 반환 요구에 동의하지 않음으로써 이탈리아는 더 이상 영토상의 이득을 얻을 수 없었지만, 오스트리아가 요구한 베네치아 채무 변제 요구 한도를 맞출 수 있었다.

5. 북독일연방의 탄생

쾨니히그레츠에서 프로이센이 승리한 날 실시된 하원 선거에서 전쟁의 영향은 분명히 나타났다. 야당은 크게 패해 의석이 148석으로 격감했지만, 이전까지 단지 28석에 불과했던 보수주의자들의 의석은 136석으로 많이 늘어났다. 일부 보수주의자들은 비스마르크가 북부독일에서 자신의 목적을 위해 정통성 원리마저 포기하는 것을 보고 충격을 받았다. 그러나 대다수의 보수주의자는 프로이센의 군사적 승리에 환호했고, 국내에서의 뒤펠 전투라 할 쿠데타를 통해 이전의 절대왕정 체제로 복귀할 것도 기대했다.

그러나 비스마르크는 그들의 기대를 충족시켜주지 않았다. 반대로 그는 1862년부터 1865년까지 불법적으로 군대 증강에 대한 예산 지출을 강행한 정부 면책 동의안을 8월 5일 발의했다. 새로 선출된 의원들 앞에서 수상 요청에 따라 개원식 인사를 한 빌헬름 1세는 군제 개혁과 연계된 예산 지출과 그 사후 승인을 요구하는 안건을 언급했다. 빌헬름 1세는 "일치단결하는 화합 속에서 정부와 의회는 열매를 맺을 것입니다. 신민의 피로 맺은 열매를 헛되이 흩어지게 해서는 안 될 것입니다"라는 연설도 했는데 이것은 정적들을 겨냥한 집권자의 마키아벨리즘적 관점을 보여주는 단면이었다. 당시 비스마르크가 추진한 하원과의 제휴는 이전의 불화 관계에 대한 반성에서 나온 것은 아니었다. 단지 그는 새로운 연방을 원활히 운영하기 위해서는 하원과의 협력이 불가피하며, 또 그것을 효율적으로 통제하려면 자유주의자들의 지지도 확보해야 한다는 것을 인지했을 뿐이다. 또한 빌헬름 1세가 연로해짐에 따라 비스마르크를 적대시하던 왕세자가 왕위에 오를 때 대응할 수 있는 지지 세력 역시 필요했다.

1866년 9월 3일, 군대 증강을 위한 예산 지출의 사후 승인은 소수의 진보파 의원과 가톨릭 세력을 제외한 압도적 다수의 지지, 즉 230대 75의 표차로 가결되었는데 이 과정에서 독일 진보 세력의 분파 현상도 나타났다. 이러한 표결 결과로 독일 자유주의는 심각한 패배를 당했다. 하원은 정부로부터 그동안 헌법을 지키지 않았음을 시인하는 답변을 받아냈고, 그 대가로 1862년 이후의 정부 행위를 합법화시켰다. 그러나 정부가 더는 헌법을 위반하지 않으리라는 보장은 없었다. 실제로 하원이 보낸 서신에 대한 답변에서 빌헬름 1세는 만약 필요하다면 똑같은 일을 다시 할 것이라고 밝혔다. 오래전부터 국내의 헌법 투쟁을 우려했던 국민 자유당도 면책안을 수용했는데, 이것은 이들이 '쓸데없는 공론만의' 좌파 자유주의를 피하려고 했기 때문이다. 1866년의 민족적 승리에도 불구하고 반대를 계속한다는 것은 무용한 것으로 보였다. 국민연합의 창설자이자 당시 국민 자유당의 지도자였던 미쿠엘(Johannes v. Miquel)은 "이상의 시대는 끝났다. 독일 통합은 사변의 영역으로부터 산문적인 현실 세계로 내려왔다."고 했다.[15]

비스마르크는 1866년 9월 26일 하노버 왕국을 프로이센에 병합했다. 이어 그는 슐레스비히 대공국, 홀슈타인 대공국, 나사우 공국, 선제후국 헤센, 자유시 프랑크푸르트도 프로이센에 편입시켰다. 그리고 헤센 대공국은 헤센의 배후 지역, 마인강 이북의 오버헤센, 즉 서쪽의 프로이센-베스트팔렌주, 동쪽의 헤센 선제후국, 남서쪽의 나사우 공국으로 둘러싸인 헤센 대공국의 북쪽 영토와 헤센-홈부르크(Hessen-Homburg)를 비스마르크 요구에 따라 프로이센에 할애해야 했고, 바이에른 왕국 역시 게르스펠트(Gersfeld)를 프로이센에 넘겨주어야 했다.[16] 오스트리아를 지원한

---

[15] 1866년 11/12월에 간행된 프로이센 연보에서 자유주의 대변자로 알려진 카를스루에(Karlsruhe)대학 교수 바움가르텐(Baumgarten) 역시 프로이센의 민족국가 선도 역할을 인정해야 한다는 것을 언급하고, 헌법 제정에 자유주의자들도 동참해야 한다는 견해도 밝혔다. 바움가르텐은 당시 자유주의자들이 추종하던 '선자유, 후통일(Erste Freiheit dann Einheit)'을 환상으로 간주했다. 이 인물은 이제 시민 계층이 수수방관하지 말고 하나의 권력체, 즉 이념을 스스로 실천하는 단체를 구축해야 한다고 했다. 이것은 자유주의 세력이 국가를 직접 운영할 수 있는 능력도 지녀야 한다는 것을 우회적으로 표현한 것 같다.

[16] 1866년 국가 전체가 프로이센에 병합된 선제후국 헤센과는 달리, 헤센 대공국은 영토 일부만을 프로이센에 할양하는 것으로 프로이센에 의한 병합에서 벗어날 수 있었다. 그것은 루트비히 3세(Ludwig III, 1848~1877) 헤센 대공의 매제인 러시아

작센 왕국은 평화협상에서 빈 정부가 강력히 주장한 덕분으로 패전국임에도 불구하고 왕국 신분을 그대로 유지할 수 있었다.

비록 정통성의 원칙을 전면적으로 침해하는 이러한 요구가 보수주의 세력을 경악시키고, 빌헬름 1세를 괴롭혔음에도 프로이센은 새로이 450만 인구를 얻게 됨으로써 보다 독일적인 국가로 등장했다.[17] 당시 나폴레옹 3세는 '소독일' 창출이 북독일 내의 세력 균형을 프로이센에 매우 유리하게 변화시킬 것으로 생각했다. 따라서 그는 세력 균형의 외형을 다소나마 보전하기 위해 프로이센이 바이에른, 바덴, 뷔르템베르크, 헤센-다름슈타트 남부 4국의 독립성을 존중해야 한다고 주장했다. 비스마르크가 이들 국가에 대해 별다른 계획을 세우지 않았기 때문에, 이 조건은 쉽게 수용되었다. 그리고 이들 남부 국가는 그들의 연합체를 갖고서 북독일연방의 외부에 남게 될 것이라고 합의되었다. 당연히 나폴레옹 3세는 이들 국가가 파리에 보호를 요청할 것이며, 따라서 그는 독일에 대해 제한 없이 간섭할 수 있는 구실도 얻게 될 것이라고 기대했다.

마지막으로 비스마르크는 덴마크에 편입되기를 바라던 북부 슐레스비히 지역의 덴마크인들에게, 그것을 허용해주기 위한 국민투표 시행에도 동의했다. 이제 나폴레옹 3세는 만족했다. 이탈리아는 베네치아를 확보하게 되었고, 덴마크는 북부 슐레스비히 지방을 획득할 것이며, 독일은 부분적으로 통일될 것이다. 실제로 나폴레옹 3세는 독일과 이탈리아에서

황제 알렉산드르 2세(Alexander II)가 적극적으로 개입한 덕분이었다. 알렉산드르 2세의 황비 마리아 알렉산드로바는 루트비히 3세의 막내 여동생 마리(Marie v. Hessen-Darmstadt)였다.
[17] 당시 나폴레옹 3세는 프로이센에 강제로 편입된 북독일인들을 '강제 프로이센인'이라 지칭했다.

강력한 국가가 등장하는 것을 원하지 않았기 때문에 모든 독일 국가가 통합되지 않은 것에 만족했다. 그리고 이에 덧붙여 프로이센과의 협상 과정에서 암시가 주어졌지만, 나폴레옹 3세는 조만간 모종의 영토적 보상도 받게 될 것이었다.

1866년 여름 비스마르크가 직면한 가장 어려운 문제는 프랑스를 포섭하거나 러시아를 진정시키는 것이 아니라, 오히려 프로이센 군주와 장군들을 회유하는 것이었다.[18] 국왕 빌헬름 1세는 마지막 순간까지 오스트리아와의 전쟁에 반대했다. 그러나 일단 전쟁이 시작되자, 오스트리아에 대한 그의 도덕적 분노는 심화되었고, 장군들의 지지를 얻어 오스트리아를 준엄하게 처벌해야 한다는 태도까지 천명했다. 이러한 빌헬름 1세의 도덕적 분노는 오스트리아와 그의 동맹국들이 프로이센을 침공하려 한 데서 비롯되었다. 그러나 비스마르크는 전쟁의 목적을 이미 달성했다고 생각했다. 그는 오스트리아의 영토를 빼앗고, 빈 시가지로 프로이센군을 행진시켜 쓸데없이 오스트리아에게 굴욕감을 줄 필요가 없다고 생각했다. 비스마르크는 7월 9일 부인 요하나에게 서신을 보냈다. "나폴레옹의 장난에도 우리는 잘 지내고 있소, 우리가 과도하게 요구하지만 않는다면 그리고 세계를 정복했다고 믿지만 않는다면 충분히 가치 있는 평화를 얻겠지만, 지금은 턱없는 자만에 쉽게 도취한 상황이오. 마치 발효 중인 포도주에 물을 들이부은 듯 지금의 나는 아무런 보람도 없는 그런 임무를 수행하는 것 같소. 프로이센이 유럽에서 독자적으로 사는 것이 아니

---

[18] 러시아 황제는 북독일에서 정통 왕조가 폐위되는 것에 반발했다. 이에 비스마르크는 1856년 파리 평화 회담에서 결의한 흑해 연안 지역에 러시아 요새 구축 불허와 흑해에서 러시아 함대의 운영 금지를 수정하는 데 적극 협조하겠다는 것으로 러시아 황제의 불만을 완화하려고 했다.

비스마르크와 부인 요하나

라 이 나라를 싫어하고 질시하는 세 나라, 즉 프랑스, 러시아, 그리고 오스트리아와 함께 살고 있다는 사실까지 이해시켜야 하는 의무가 있는 것 같소."

이렇게 어려운 상황에 놓이면 비스마르크는 종종 자신의 속내를 밝히는 서신을 요하나에게 보내곤 했다. 요하나는 그에 대해 적절한 조언을 했고 평생 반려자의 역할도 충실히 했다. 이렇게 부인으로서의 역할과 의무를 충실히 수행한 요하나는 힌터포메른(Hinterpommern)의 룸멜스부르크(Rummelsburg)에 위치한 라인펠트(Rheinfeld) 시골 귀족의 외동딸로 가문으로나 사회적으로나 경건주의의 많은 영향을 받은 성실한 신앙인이었다. 포메른은 프로이센 왕국에서 정치적·사회적으로 가장 뒤처진 지방이었다. 음악과 문학에 관심을 가졌던 그녀는 슈만과 베토벤 같은 작곡가, 셰익스피어와 낭만주의자들 중에서 장 파울(Jean Paul)을 매우 존경했다. 요하나는 경건주의자들 모임에서 자유롭게 행동한다거나 정신적으로 개방되지는 않았지만, 절제와 소박함을 갖춘 이성이 돋보이는 여성이었다. 그러나 마리 폰 타텐-트리에글라프의 소개로 요하나를 만난 비스마르크는 처음엔 그녀를 매력적인 여성으로 보지 않았다. 많은 여성을 만난 그였지만, 요하나에게서 자신의 감정을 움직일 만한 열정은 느끼지 못했다. 1846년 11월 10일, 마리 폰 타텐-트리에글라프가 유행성 열병에 시달리던 어머니를 보살피던 중 티푸스에 전염되어 24세의 젊은 나이로 세상을 떠나고 말았다. 마리의 사망 소식을 접한 비스마르크는 마리의 종교적 확신과 신뢰, 자신의 영혼까지 돌봐주었던 지극한 정성, 그리고 이룰 수 없던 그녀와의 사랑에 대한 애틋함 등이 그의 뇌리를 교차했다. 이로부터 얼마 안 되어 비스마르크는 요하나를 진심으로 받아들이고자 했다. 마리에 대한 아픔을 알고 있던 요하나 역시 진솔하게 다가오는 그에게 마음의 문을 열었다. 1847년 1월 12일 요하나와의 약혼식을 치른 비스마르크는 결혼하기 전까지 요하나와 수백 통의 서신을 주고받으며 서로를 위로하고 그리운 마음을 전했다. 서신에서 확인되듯이, 비스마르크에게 사랑은 모든 것을 소생시키는 힘 자체였다. 염세주의자로 세상을 등지고 말았더라면, 애정의 온기로 마음을 열고 기쁨으로 세상을 바라보는 행운도 결코 경험하지 못했을 것이다. 약혼식이 있은 지 7개월 후인 1847년 7월 28일 비스마르크와 요하나의 결혼식이 카슈벤란트(Kaschubenland)의 알트콜치글로브(Altkolziglow)에 위치한 마을 교회에서 거행되었다. 비스마르크는 32세라는 늦은 나이에, 그것도 온갖 절망적인 순간을 경험하고 나서야 결혼했다. 그런 만큼 그에게 가정을 이룬다는 의미는 누구보다 각별했다. 그전까지 여성들과의 만남은 파행으로 끝났기 때문에, 요하나와의 평온하고 화목한 가정생활에 대한 그의 기대는 실제로 매우 컸다.

부친 빌헬름 1세와 비스마르크가 대립할 때 왕세자는 비스마르크를 지지했지만, 국왕을 설득하기는 매우 어려웠다.[19] 실제로 빌헬름 1세는 오스트리아 영내에 설치했던 프로이센군 사령부를 니콜스부르크성으로 옮기려고 했는데 이것은 자신이 의장대를 앞세워 니콜스부르크를 당당히 통과하여 빈에서 프로이센군에게 영광의 관을 씌우고 대대적인 승리

---

[19] 프리드리히 왕세자는 비스마르크와의 독대에서 부친 빌헬름 1세와는 달리 자신은 오스트리아와의 전쟁을 반대했다고 언급했다. 비스마르크와의 대화 과정에서 왕세자는 수상이 전쟁의 필요성을 강조하고 그것에 대한 책임도 지겠다고 한 것을 상기하면서 전쟁의 목표가 이미 달성되었기 때문에 평화조약의 체결이 가능한 한 빨리 이루어져야 한다는 뜻도 표명했다. 여기서 그는 비스마르크와 마찬가지로 오스트리아로부터 영토적 보상을 원하지 않는다는 견해를 제시했고, 왕세자의 그러한 관점에 비스마르크 역시 동의했다.

의 기쁨도 만끽하려는 의도에서 비롯되었다.[20] 당시 빌헬름 1세는 패전국인 오스트리아로부터 영토 보상을 받지 않고 빈에서 프로이센군의 개선 행렬도 하지 않는다면 이것들은 비도덕적 관점에서 비롯되었다는 확신에서 비스마르크와 대립했다. 여기서 빌헬름 1세는 오스트리아로부터 영토를 보상받지 못한다면 오스트리아 동맹국이었던 작센 왕국을 프로이센에 편입해야 한다고 생각했다. 그러나 비스마르크는 국왕의 뜻에 동의하지 않았다. 당시 그는 승리의 기쁨을 누리고자 한 국왕과는 달리 되도록 전후 사태를 간단하고 빠르게 마무리 지을 계획이었기 때문이다. 점차 양인 사이의 극단적인 언쟁이 오가면서 틈이 벌어졌다. 심지어 빌헬름 1세는 오스트리아로부터 보상금과 영토까지 요구하려고 했지만, 비스마르크는 패전국에 어떠한 형벌도 가하기를 원하지 않았다.

　7월 24일 비스마르크는 몇 차례에 걸쳐 히스테리성 경련을 일으킨 국왕에게 자신의 관점을 요약한 문서를 제출했다. 거기서 그는 오스트리아로부터 몇 마일에 달하는 영토적 보상을 받거나 계획한 것보다 많은 전쟁 배상금을 요구한다면 현재 상황, 즉 프로이센 승리가 완전히 보장되지 않은 상황이 급변할 수도 있다고 언급했다. 이것은 전쟁을 지속한다면 프랑스의 개입 가능성이 농후하다는 것을 우회적으로 암시한 것이라 하겠다. 문서에서 비스마르크는 오스트리아가 가급적 굴욕감을 가지지 않게끔 최선의 노력을 기울였는데, 이것은 이 국가를 영원한 적으로 만

---

20 빌헬름 1세는 러시아 황제와 마찬가지로 북독일 위정자들의 직위를 강제로 박탈하려는 비스마르크의 의도에 동조하지 않았다. 그의 관점에 따르면, 이러한 행위가 결국 해당 위정자들에게 형벌을 가하는 것이기 때문에 이들의 권한을 축소해 계속하여 그들의 공국이나 대공국을 다스리게 해야 한다는 것이다. 빌헬름 1세의 의도를 파악한 오스트리아 황제 프란츠 요제프 1세는 황후 엘리자베트(Elisabeth)와 왕가의 표장을 페슈트로 이동하는 비상 대책도 마련했다.

들지 않고 미래의 협력 대상국으로 남겨두려는 의도에서 비롯된 것 같다. 실제로 오스트리아는 중부 유럽에서 프로이센의 '힘의 논리'에 반대하는 적대국 중에서 가장 강력한 국가였기 때문이다. 크게 패한 적을 우방으로 바꾸어 놓을 수는 있지만, 순간의 실수로 영원한 적이 될 수도 있는 만큼 유동적인 상황 또한 철저히 방지하기 위한 속셈이었다.[21]

당시 비스마르크는 다만 독일 북부에 있는 하노버, 쿠어 헤센, 그리고 나사우만 합병하는 쪽으로 조정되기를 바랐다. 그리고 비스마르크는 무엇보다 주변의 강대국들, 특히 프랑스나 러시아 반응도 무시할 수 없는 데다가 유럽의 정황에서 그들이 장차 오스트리아와 협력할 가능성까지 계산한다면 오스트리아 존재를 결코 무시해서는 안 된다는 것을 잘 알고 있었다.

러시아 황제는 프로이센 영역의 확대와 그 과정에서 세 곳의 정통 선제후 가문이 영토를 상실한 것에 대해 '왕조의 연대'를 공격하는 행위라고 비판했다. 빌헬름 1세는 프로이센이 처한 대외적 위험까지 간파하지 못했기 때문에 비스마르크의 전후 처리에 불만을 토로했다. 이에 따라 비스마르크는 빌헬름 1세에게 사임 의사를 밝혔고 그것은 빌헬름 1세가 비스마르크의 관점에 동의하게 하는 결정적인 요인이 되었다. 사직서 제출에 앞서 비스마르크는 빌헬름 1세에게 4층 창문에서 밖으로 뛰어내리겠다고 위협한 후 실제로 창문에서 뛰어내리려고 했다. 같은 장소에 있던 프리드리히 왕세자는 비스마르크의 행동에 당황했고 즉시 그에게 다가가 어깨를 잡으면서 "수상의 견해에 저 역시 전적으로 동의합니다. 우

---

[21] 실제로 비스마르크는 쾨니히그레츠 전투에서 승리한 직후 오스트리아의 존속과 이 제국과의 우호 관계를 지지했다. 그에 따르면 향후 프로이센 주도로 등장할 국가가 오스트리아의 지지를 받아야 할 상황에 놓일 수도 있다는 것이다.

리의 전쟁 목표는 이미 달성했기 때문에 오스트리아와 평화조약을 체결해야 할 것입니다. 이 점을 아버지 빌헬름 1세에게 말씀드리도록 하겠습니다."라고 언급했다. 바로 국왕을 찾은 왕세자는 비스마르크의 견해를 다시금 언급했고 그 자리에서 국왕의 동의도 힘들게 받아냈다. 이렇게 국왕의 동의를 받아낸 왕세자는 즉시 비스마르크에게 사실을 전달했고 그동안 지지부진했던 오스트리아와의 평화협상 역시 큰 진전을 보게 되었다. 비스마르크는 빌헬름 1세와 대립하는 과정에서 신경쇠약에 걸릴 상태까지 건강이 나빠졌다.

7월 26일 니콜스부르크 예비 회담과 함께 8월 23일에 체결된 프라하 평화조약은 독일 및 유럽에 전환점을 가져다줄 만큼 큰 영향을 끼쳤다. 1866년 10월 3일에 조인된 빈 평화조약에서 오스트리아는 롬바르디아-베네치아 왕국과 이탈리아 왕국의 통일에 동의하고, 이탈리아는 베네치아 양도에 대한 반대급부로 3,500만 굴덴을 오스트리아에 분할 지급하는 의무도 지게 되었다. 10월 12일 베네치아는 이탈리아 왕국에 양도되었고 이로부터 10일이 지난 10월 21일과 22일에 '베네치아의 이탈리아 왕국 편입'에 대한 국민투표가 베네치아에서 실시되었다. 모두 64만 2천 명이 참여한 국민투표에서 합병에 반대한 의견은 단지 69명에 불과했다.[22]

외양상 형제전쟁은 독일을 통합한 것이 아니라 분리했다. 신성로마제국과 마찬가지로 독일연방 제국은 티롤에서 발트해까지 독일 민족과 역사적으로 관계 있는 모든 지역을 포함했다. 그러나 1866년의 형제전쟁은 이

---

22 전쟁 중 탁월한 대량 수송 수단으로 입증된 철도를 건설하기 위해 오스트리아와 이탈리아 양국은 상호 노력하기로 합의하고, 오스트리아는 브렌너 구간의 건설을 약속했다. 그 결과 인스브루크와 남티롤의 보첸(Bozen)을 연결하는 구간이 1867년에 개통되었다.

러한 통일체를 파괴했다. 이제 독일은 프로이센이 지배하는 마인강 이북 지역, 불안정한 독립 상태의 남부 4개국, 그리고 오스트리아-헝가리 제국이라는 새로운 국가 일부가 될 오스트리아의 3개 지역으로 나누어졌다. 그러나 이러한 것은 사실상 잠정적이었다.[23] 1870년 남부 국가들도 북독일연방에 통합되었다. 그러나 2,000만 탈러의 배상금과 함께 베네치아를 이탈리아에 넘겨준 오스트리아와 독일은 영원히 분리되었다. 독일의 정치적 영향력은 더는 아드리아해까지 미치지 않았고 오스트리아와의 국경선에서 멈추어졌다.

6. 오스트리아-헝가리 제국의 출범

1866년 8월 23일 프라하 평화조약 제4조에서 명시된 독일연방 해체 이후 프란츠 요제프 1세를 비롯한 빈 정부의 핵심 인물들은 가능한 한 빨리 오스트리아에 이중체제(Dualismus)를 도입해야 한다고 생각했는데 그것은 독일인들이 제국 내에서 차지하는 비율이 단지 21%에 불과하다는 현실적 상황에서 비롯된 것 같다. 따라서 이들은 체코 정치인들을 비롯한 슬라브 정치가들의 강한 반발에도 불구하고 이중체제 도입을 기정사실화했고 그것에 필요한 절차도 밟기 시작했다. 당시 오스트리아 제국에는 1,250만 명의 독일인과 970만 명의 헝가리인이 살고 있었다. 이에 반

---

[23] 1866년 8월 중순 프로이센은 형제전쟁에서 오스트리아 측에 가담하지 않은 북부와 남부독일 국가들과 공식적으로 헌법동맹을 결성했다. 이 동맹에 작센과 헤센이 추후 가입했고, 22개의 회원국은 1년 내 새로운 연방을 창설한다는 의무 조항에도 동의했다.

해 슬라브 계통의 체코인, 폴란드인, 크로아티아인, 우크라이나인, 슬로베니아인, 슬로바키아인, 그리고 세르비아인이 전체 인구에서 차지하는 비율은 47%에 달했고 그 수는 2,350만 명이나 되었다. 이렇게 수적으로 우세한 슬라브 민족과의 협력을 포기한 빈 정부의 이면에는 오스트리아 제국의 슬라브화를 막아야 한다는 위기의식이 있었다.

실제로 프로이센과의 형제전쟁에서 패한 이후 오스트리아 제국 내 독일인들, 특히 슈타이어마르크(Steiermark)의 독일 자치주의자들은 그들의 정치적 관점을 피력하는 능동성도 발휘하기 시작했다. 당시 이들은 패전 이후 제국 내에서 그들 민족이 놓이게 될 상황과 거기서 야기될 불합리성을 인지했기 때문에 제국에 대해 무관심을 표명하기보다는 민족적 위상 및 권한 증대를 위한 능동성 발휘에 관심을 가졌다. 이들은 오스트리아 제국의 초민족주의적 특징을 활용하여 그들 민족의 우위권 견지에 필요한 방안들을 마련하고자 했고, 이전의 영역보다 제한되거나 축소된 오스트리아가 그 대안이 된다는 것도 파악했다. 이러한 관점을 토대로 이들은 제국을 오스트리아와 헝가리의 지배하에 놓이게 한다면, 즉 제국을 양분한다면 그것이 바로 독일인의 위상을 오스트리아 제국에서 보장받는 최상의 방법이라는 것도 인지했다. 또한 이들은 통합 독일과 우호적 외교 정책을 펼치고 내정에서 독일화 정책을 강력히 추진한다면 이것 역시 독일인들의 위상을 보장받을 수 있는 또 다른 대안이 될 수 있다고 주장했는데 이것은 이들이 소독일주의 원칙에 따른 독일 통일에 동의했기 때문이다.

따라서 이들은 1866년 이후 제국에 등장한 새로운 상황과 빨리 타협할 수 있는 유연성도 갖추게 되었는데, 이것은 제국 내 민족적 자유주의자들, 즉 정통 자유주의자들이 제국을 포기한 것과는 달리 새로운 상황

피시호프

에서 그들의 존재 가능성을 모색하면서 찾아낸 방안들을 가능한 한 빨리 실천하려고 한 데서 확인할 수 있다.

쾨니히그레츠 패배 이후 오스트리아제국 내 독일 자치주의자들은 언론을 통해 그들의 정치적 관점을 피력했다. 전투가 끝난 지 몇 주 안 된, 1866년 8월 초 당시 언론인으로 활동하던 피시호프(Adolf Fischhof)가 그라츠 (Graz)에서 간행되던 『텔레그라프(Telegraf)』에 시론(Meinungsäußerung)을 투고했는데 그 내용 때문에 바로 세간의 주목 대상이 되었다. 투고문에서 피시호프는 패전 이후 오스트리아 제국에서 전개되던 상황을 긍정적 측면에서 접근했는데 이것은 당시 슈타이어마르크 지방 내에서 확인되던 특유의 염세주의적 성향과는 대치된다고 하겠다. 피시호프는 얼마 후 시론의 후속 글을 『오스트리아 상황에 대한 조망(Ein Blick auf Österreichs Lage)』이라는 소책자에 게재했는데 거기서 형제전쟁의 후유증이 심각하지만, 오스트리아인은 당시 상황을 올바르게 직시해야 한다는 것도 강조했다. 그는 패전으로 오스트리아 제국이 이탈리아 북부 지역을 상실했지만, 이 지방은 현실적으로 도나우 제국에 완전히 동화될 수 없는 지방이라는 것이다. 따라서 이러한 영토 상실에서 비롯되는 후유증은 의외로 쉽게 극복할 수 있다는 것이 그의 주장이었다.

피시호프는 독일과 연계된 상황에 대해서도 설명했다. 그에 따르면, 오스트리아 제국 내 독일인들은 지난 10년간 그들 제국의 존속을 위해 온갖 노력을 기울였다는 것이다. 그러나 그는 민족의 평화로운 공존이 원래의 독일권, 즉 독일연방 체제하에서 정착될 수 없음을 지적했다. 그리고 제국 내에서 수적 우위를 점유하던 슬라브 민족들이 위상 내지는 영향력을 보다 증대하기 위해 제 방안을 구체적으로 모색하면서 제국 내 독일인들은 더는 그들의 지위를 보장받을 수 없게 되었다는 것도 피시호프의 분석이었다.

이러한 분석은 제국 내 민족들이 그들의 민족적 권한 증대에도 불구하고 공동제국에 대한 의무의 이행은 등한시하고 있다는 불만에서 나온 것 같다. 여기서 피시호프는 오스트리아-헝가리와 타협하는 데 필요한 실용적 제안을 했고, 그 과정에서 제국 내 독일 자치론자들의 주도권에 대해 배려하는 섬세함까지 보였다. 피시호프는 자신의 구상을 구체화하기 위해 당시 같은 관점을 가졌던 카르네리(Carneri)와도 대화를 시도했다. 이를 위해 그는 카르네리에게 서신을 보냈는데 거기서 그는 오스트리아 제국의 현실적 상황을 직시하고 아직까지 구할 수 있는 것들이 있다면 그것들을 반드시 구해야 한다는 것도 강조했다. 그뿐만 아니라 오스트리아 제국이 이원 체제로 변형되어야 한다는 것 역시 언급했다. 이어 피시호프는 오스트리아 제국이 세계에서 가장 자유로운 국가가 된다면, 언젠가는 다시 독일제국이 오스트리아 제국에 편입될 것이라고 했지만 당시 지식인들은 그러한 것이 현실적으로 불가능하다는 것을 잘 알고 있었다.

1867년 3월 15일 프란츠 요제프 1세는 오스트리아 제국의 이원화를 공식적으로 선포했고 그것에 따른 효력 발휘는 1867년 6월 12일부터 시작되었다. 이에 따라 독일 민족과 헝가리 민족은 제국 내에서 지배 민족으로 등장하게 되었고 이들 민족은 자신들에게 할당된 영역을 아무런 제한 없이 통치하게 되었다. 오스트리아-헝가리 이중제국에서 오스트리아 황제 담당 지역은 오스트리아, 보헤미아, 모라비아, 슐레지엔, 갈리치아-로도메리에(Galizien-Lodomerie), 부코비나(Bukowina), 이스트리아(Istrien) 반도, 크라인(Krain), 트리에스테, 괴르츠, 그라디스카, 그리고 달마티아(Dalmatien) 등을 포함하는 라이타(Leitha)강 서쪽이었고, 공식 언어로 독일어가 사용된 지역이었다. 트란스라이타니엔(Translethanien)으로 불린 헝가리 왕국 관할 지역의 공식 언어는 헝가리어였다.[24] 헝가리 왕국에는 헝가리, 피우메(Fiume), 크로아티아(Croatia; Hrvatska), 슬라보니아(Slavonia; Slavonija), 보이보디나(Vojvodina), 바나트(Banat;Vajdaság), 지벤뷔르겐(Siebenbürgen), 그리고 슬로바키아(Slovakia)가 포함되었다.[25]

이중제국의 한쪽은 황제가, 다른 한쪽은 국왕이 국가원수였지만, 실제로 황제와 국왕은 동일 인물이었고, 헝가리 제국의회도 1867년 이후 지방의회(Landtag)에서 제국의회(Reichstag)로 그 명칭이 바뀌었다. 이제 오스트리아-헝가리 제국은 독자적 주권을 보유한 2개의 개별 왕국이 1명의 군주를 정점으로 한 국가 형태를 갖추게 되었다. 외교, 국방, 그리고 재정 부분은 양국의 공동 사안으로 간주하여 개별 국가에 별도의 부처를 설치하지 않았지만, 기타 업무는 각 정부가 독자적 부처를 설치하여 해결하도록 했다. 즉 한 국가에 2개의 중심체(2개의 정부, 2개의 의회)가 존재하는 이중왕국으로 변형된 것이다. 양국 간의 공동 업무 사항으로 간주된 분야는 양국 정부와 의회 대표들에 의해 통제되게끔 규정되었다. 관세와

---

24 라이타강은 도나우강의 지류로 오스트리아와 헝가리를 흐른다.
25 바나트는 루마니아 동부, 세르비아 서부, 그리고 헝가리 북부지역을 포함하는 역사적 명칭이다.

무역에 관한 규정, 그리고 발권 은행으로서의 중앙은행 설치와 운영 문제 등을 비롯한 경제적 업무 사안들은 10년마다 양국이 새로이 타협하여 협정을 맺기로 했다.

1867년 6월의 타협으로 합스부르크 황제는 군주로서의 절대적 지위를 보장받음으로써 양국 간의 이해가 상충할 때 그것을 최종적으로 결정할 수 있는 권한도 확보하게 되었다. 이렇게 오스트리아 제국에 도입된 이중체제를 '군합국가'로 보는 관점이 적지 않지만, 양국 정부의 의회가 제국의 공동 사안인 국방, 외교, 그리고 재정 문제를 제외한 여타의 국정 사안을 독단적으로 입안·처리할 수 있었다는 것을 고려한다면, 군합국가보다는 정합국가(Volle Realunion)로 보는 것이 오히려 타당할 것이다.

3월혁명 이후 오스트리아 제국에서 비교적 활발히 정치 활동을 펼치던 체코 정치가들은 이중체제의 도입이 가시화됨에 따라 그동안의 정책 노선, 즉 친오스트리아적 자세를 포기했다. 이후 제기된 체코 정치가들의 강한 반발에도 불구하고 이중체제가 오스트리아 제국에 공식적으로 도입됨에 따라 보헤미아 지방의회에서 활동하던 81명의 체코 의원은 의원직을 포기하는 초강수로 대응했다. 이에 보이스트의 빈 정부는 새로운 지방의회를 구성할 것이며 가까운 시일 내에 의회 구성에 필요한 선거도 시행하겠다고 언급했다. 빈 정부의 이러한 대응에 격분한 체코인들은 프라하를 비롯한 보헤미아 지방의 여러 도시에서 '타보리(tabory)'라는 옥외집회를 개최했다. 집회 참석자들은 빈 정부가 국사조칙에서 확인, 강조한 보헤미아 왕국의 지위 및 권한을 인정할 의무가 있다고 주장했다. 이렇게 체코인들의 반정부 집회가 확산함에 따라 빈 정부는 대책 마련에 고심하게 되었다. 점차 빈 정부는 헝가리인들에게 부여한 권한 일부를 체코인들에게도 허용해야 한다는 것을 감지하게 되었고 그것을 정책에 신속히 반영시키겠다는 의지도 대외적으로 천명했다.

그러나 체코인들은 빈 정부의 이러한 견해 표명에도 불구하고 자신들의 반발 강도를 높여갔다. 20,000명에 달하는 체코인들이 프라하의 판 광장(Panplatz)에 모여 빈 정부의 정책을 강력히 비난한 것과 체코 민족의 전설적 시조인 체흐(Čech)의 성지가 있는 르지프(Řip)산과 후스 전쟁의 영웅 지슈카 장군의 승전지인 지슈코프(Žižkov)의 비트코프(Vítkov)산에 수만 명이 모여 시위한 것을 그 예로 제시할 수 있을 것이다. 이에 빈 정부의 핵심 인물들은 체코인들의 반정부 시위를 현시점에서 중단시키지 않으면 야기될 수 있는 상황의 심각성을 고려하게 되었다. 따라서 빈 정부의 치안 관계자들은 여러 차례 회합을 통해 프라하 전역을 계엄령 체제하에 두기로 결정했다.

이중체제가 오스트리아 제국에 도입된 이후 제국 내 체코 정치가들, 특히 팔라츠키와 그의 측근 인물들은 그러한 질서 체제를 수용하지 않으려고 했다. 따라서 이들은 외부 세력, 특히 러시아와 프랑스 지원을 받아 자신들이 지향하는 정치적 목표, 즉 자치권 획득 내지는 민족적 독립을 쟁취하려고 했지만 실패하고 말았다. 이후부터 체코 정치가들과 지식인들은 오스트리아 제국의 존속을 인정하고 거기서 슬라브 제 민족의 자치권 획득을 지향했던 친오스트리아슬라브주의에 대해 더 이상 관심도 표명하지 않았다. 실제로 체코의 정치 세계를 이끌던 팔라츠키는 은둔생활에 접어들었고 더는 정치적 관점에 대해 표명하지도 않았다.

비스마르크는 오스트리아와 계산을 끝낸 후, 민족적 불만을 부추겨서 오스트리아를 분열시키려 했던 시도 역시 중단했다. 이후부터 그는 오스트리아-헝가리를 메테르니히 시대에 그랬던 것처럼 혁명에 대한 보수주의 방벽으로 활용하고자 했다.

1866년 8월 23일에 체결된 프라하 평화조약은 프랑스에서 심각한 우려를 불러일으켰다. 당시 영향력 있는 정치 세력들은 프랑스가 쾨니히그레츠에서 오스트리아와 마찬가지로 패배했다고 생각했다. 따라서 프랑스에서는 '사도바(Sadowa)에 대한 복수'라는 구호가 여론을 압도했다. 사도바는 쾨니히그레츠의 도심 북서쪽 15킬로미터에 있는 쾨니히그레츠 전투 장소 중의 한 곳이었으며, 프랑스에서는 쾨니히그레츠 전투를 '사도바 전투'라 불렀다. 프로이센과 마찬가지로 나폴레옹 3세 역시 영토 확장을 외교 정책의 주요 근간으로 삼았기 때문에, '사도바에 대한 복수'라는 외침은 독일 전쟁을 통해 이루려던 영토 확장의 야망이 물거품이 된 것에 대한 프랑스 여론의 실망 표현이었다.[26]

실제로 나폴레옹 3세는 자신의 영토 확장 구상을 가시화하기 위해 코르시카(Korsika) 출신의 베네데티(Vincent Benedetti)를 특별대사 자격으로 니콜스부르크로 파견하여 비스마르크의 향후 합병 계획을 구체적으로 파악하게 했다. 여기서 베네데티는 비스마르크에게 현재는 프리드리히 2세의 시대와 다르다는 것을 강조하면서 각 국가가 어떤 영역을 원한다면, 독자적으로 행동에 나서기보다 주변 국가와 반드시 협상해야 한다는 점도 부각했다. 베를린으로 돌아온 베네데티는 1866년 8월 5일 본국의 훈령에 따라 프랑스의 영토 할양 요구를 프로이센이 용인한다는 내용의 조약 초안을 일방적으로 작성했다. 이것은 니콜스부르크 예비 평화조약에서 미처 반영하지 않은 프랑스의 영토 보상 요구를 별도 조약 체결을 통

---

[26] 일반적으로 동족 전쟁 이후 나타나던 분열 대신 프로이센 주도로 강력한 연방국이 탄생했을 때, 이것을 프랑스에 대한 위협으로 받아들인 프랑스인들은 사도바 전투가 프랑스에 대한 프로이센의 승리라 간주했고 그것에 대한 대응이 절대로 필요하다고 했다.

해 관철하려는 파리 정부의 의지에서 비롯되었다. 그 내용은 프로이센이 1814/1815년 해방전쟁에서 획득한 라인강 좌안 지역을 프랑스에 반환하고 베를린 정부가 바이에른 왕국과 헤센 대공국이 그들의 라인강 좌안 영토를 프랑스에 할양하도록 압박을 가한다 등이었다.

비스마르크는 프랑스의 이러한 요구를 거부했고 그것에 따라 이른바 '베네데티 조약 초안'은 폐기되었다. 이후 양국 간의 일촉즉발의 긴장이 발생했다. 당시 비스마르크는 니콜스부르크 예비 평화조약을 취소하고 오스트리아와의 전쟁 재개 가능성을 거론하거나, 억지를 쓰는 프랑스에 대한 공격 가능성을 암시하면, 나폴레옹 3세가 무리한 요구를 거둬들일 것을 예상하고 있었다. 실제로 나폴레옹 3세는 8월 11일 '베네데티 조약 초안'은 자신의 의도와는 무관하게 작성되었음을 천명함으로써 위기는 일단 수습되었다.

프라하 평화조약 체결 이후, 유럽 내에서의 세력 균형은 프로이센 쪽으로 기울고 있었고, 다시 그 균형을 바로잡기 위해서는 프랑스가 영토적 보상을 받아야 한다는 주장이 강력히 제기되기 시작했다. 당시 나폴레옹 3세는 측근들의 압력에 결국 굴복했고 그것에 따라 8월 초 룩셈부르크 국경 지역에서 프로이센군의 철수를 요구했다. 게다가 나폴레옹 3세는 자를란트, 바이에른, 그리고 헤센 지방의 라인강 좌안 부분의 이양까지 요구했다. 한 달 전까지만 하더라도 비스마르크는 오스트리아에 대한 승리를 확고히 하기 위해 라인란트를 희생하려고도 했을 것이다. 그러나 이제 그는 프랑스의 협박에 대응하여 민족주의적 여론을 불러일으키려는 자세를 보였다. 또한 그는 당시 남부 4개 국가와 별도의 강화협정을 체결하는 과정에서 프랑스의 요구를 아주 잘 이용했다. 실제로 비스마르크는 프랑스 요구를 해당 국가들에 넌지시 알려 이들 국가가 프로이센과 비밀 공수동맹을 체결하게끔 했다. 공수동맹에서는 남부 국가들이 프로이센식으로 군대를 재편해야 한다는 것과 전시에 그들의 군대를 프로이센의 지휘하에 두도록 했다.

　비스마르크의 반프랑스적 자세가 부각함에 따라 나폴레옹 3세는 프로이센에 요구한 것들을 철회하고 외무장관 뤼이(Druyn de Lhuys)를 해임했다. 신임 외무장관으로 임명된 루에르(Eugène Rouher)는 독일 영토를 포기하는 대신 프랑스가 룩셈부르크와 벨기에를 자국에 편입하겠다는 의사를 밝혔다. 이미 베네데티와의 독대에서 밝혔듯이, 비스마르크는 프랑스가 벨기에와 룩셈부르크를 합병하는 것에 반대하지 않았다. 그는 프랑스어를 사용하는 사람들이 사는 지역을 프랑스에 편입하는 것에 동의한다는 발언까지 했었다. 루에르는 프로이센이 룩셈부르크와 벨기에의 자국 합병을 인정한다면 프로이센과 동맹도 체결하겠다는 제의를 했다. 그러나 비스마르크는 프랑스가 이해 당사국 간의 협상을 통해 룩셈부르크를 병합한다면, 그것에 반대하지 않을 것임을 암시했다고 할지라도 프랑스와의 동맹에 대해서는 별다른 관심을 보이지 않았다. 오히려 프랑스 대사 친필로 작성된 벨기에 병합에 관한 초안 사본을 조심스럽게 간직했는데, 이것은 1870년 프랑스의 신용을 떨어뜨리는 데 적절히 사용되었다.

제4장

프랑스와의 전쟁

프랑스와의 전쟁

1. 룩셈부르크 대공국 문제

룩셈부르크(Luxemberg)는 프랑스·벨기에와 독일 사이에 있고, 독일어를 사용하는 대공국이다. 원래 신성로마제국에 포함되었던 이 대공국은 15세기 이후 주인이 자주 바뀌었는데, 1815년 네덜란드 국왕을 대공으로 영입한 후 독일연방의 일원이 되었다. 1842년 룩셈부르크 신민의 대다수가 벨기에와의 동맹을 희망했지만, 1840년부터 룩셈부르크 대공직을 겸임하던 네덜란드 국왕 빌렘 2세(Willem II, 1840~1849)는 독일 관세동맹에 가입하는 등 친독일연방 정책을 지향했다. 1866년 형제전쟁 중 룩셈부르크는 중립을 지켰다. 전쟁이 종료된 후 룩셈부르크는 북독일연방에 가입하지 않았음에도 룩셈부르크 연방 요새에 주둔하던 프로이센군은 철수하지 않았다.

수년 동안 프랑스는 벨기에 진출을 위한 디딤돌로 룩셈부르크 대공국 획득을 갈망했고 1866년 비스마르크는 룩셈부르크에 대한 프랑스의 계획에 반대하지 않을 것임을 확약하기도 했다. 1867년 3월 프랑스는 호화로운 취미 생활을 선호했지만 수입이 한정된 네덜란드 국왕 빌렘 3세(Willem III, 1849~1890)에게 룩셈부르크 주권을 팔도록 설득했다. 당시 룩셈부르크와 네덜란드는 동군연합 상태였다. 같은 달 빌렘 3세는 500만 굴덴을 준다면 룩셈부르크 대공국을 프랑스에 양도할 의사가 있다면서, 다만 거래 조건으로 프로이센 국왕의 사전 동의를 요구했다.[1] 프랑스와 네덜란드의 이러한 은밀한 거래 협상 소식이 공개되자, 독일 내에서 대중적 항의가 발생했다. 마인강 건너편까지 원했던 국민자유당은 독일 영토에 대한 프랑스의 야욕이 밝혀짐에 따라 전쟁을 무릅쓰더라도 독일의 민족적 명예를 지켜야 한다고 주장했다.

당시 비스마르크는 프로이센에 전략적으로 중요하지 않은 대공국 내의 독일인들에 대해 별로 관심이 없었다. 그러나 격렬한 대중적 반응에 놀라 비스마르크는 프랑스에 대한 유화적 태도도 포기하고 말았다. 당시 국민자유당을 이끌던 베닝젠은 룩셈부르크 대공국을 북독일연방에 편입시켜야 하며, 대공국에 주둔 중인 프로이센 수비대 역시 철수해서는 안 된다고 했다. 빌헬름 1세 또한 룩셈부르크 대공국을 프랑스가 차지하는 데 반대했다. 그뿐만 아니라 바이에른 국왕 루트비히 2세 역시 프로이센과 프랑스 사이에 전쟁이 벌어진다면, 바이에른은 프로이센을 지원한다는 의사를 공식적으로 밝히기도 했다. 그리고 주요 일간지인 『보쉬셰 차이퉁(Vossische Zeitung)』은 프랑스와의 전쟁은 피할 수 없기 때문에 가능한 한

---

1   실제로 형제전쟁 기간 중 비스마르크는 룩셈부르크 대공국이 프랑스로 넘어간다면 빌렘 3세에게 오스트프리슬란트(Ostfriesland, 오늘날 니더작센주의 한 지역)를 보상으로 제공하려고 했다. 당시 빌렘 3세는 룩셈부르크 대공국 매도로 취득할 500만 굴덴을 개인 부채 정리에 사용하려고 했다.

빨리 시작해야 한다는 다소 과격적인 표현도 했다.

  이제 비스마르크는 사태 악화를 제어하고 라인 양안의 열기를 식히기 위해 노력해야 했다. 프랑스에 전쟁 위험을 환기하고 룩셈부르크에 대한 그들의 관심을 차단하기 위해 비스마르크는 프로이센과 남부 국가들과의 동맹 체제가 존재함도 밝혔다. 네덜란드 국왕이 양도 조약에 서명했다는 소문과 함께 흥분이 고조됨에 따라 비스마르크는 1867년 4월 1일 제국의회에서 룩셈부르크 문제는 협상으로 해결할 전 유럽적 차원의 문제라고 언급했으나, 한편으로는 회유적 행동으로 룩셈부르크 내 독일인의 권리가 보호될 것임을 의원들에게 인지시켰다. 확실히 비스마르크의 프로이센은 1866년 전쟁의 후유증에서 완전히 벗어나지 않았고, 국제적 여건 역시 유리하지 않았던 1867년 당시 프랑스와의 전쟁을 원하지 않았다. 무엇보다 중요한 것은 그가 친구에게 말했듯이 "성공할 가능성이 있다는 것이 큰 전쟁을 시작하는 정당한 이유는 아니다"라는 것이다. 그로서는 예기치 못한 위기에서 벗어날 수만 있다면 그것으로 충분했다. 실제로 비스마르크는 이전처럼 무력을 사용하기 전에 평화적 해결의 모든 가능성을 검토하고자 했다.[2]

  프랑스는 다시금 곤경에 처했다. 프랑스는 자신들의 계획에 러시아와 오스트리아-헝가리가 지지를 해줄지 확신할 수 없었고, 네덜란드 국왕 역시 프로이센의 사전 동의 없이는 양도 조약에 조인하기를 거부했다.

---

[2] 비스마르크는 오스트리아와의 전쟁에서 겪은 참담한 경험에서 완전히 벗어나지 못했다. 비록 군복을 착용하고 다녔지만, 비스마르크는 민간인이었고 두 아들의 아버지였다. 전쟁 중 장남 헤르베르트가 전사할 수도 있다는 것을 생각하고 눈앞이 캄캄해지는 경험도 여러 번이었다. 따라서 그는 싸움터에서 전사한 병사의 모습을 보면 누구나 가볍게 전쟁을 벌여서는 안 된다는 생각을 하게 된다고 했다.

하지만 비스마르크는 결코 프랑스에 굴욕감을 주려고 하지 않았다. 오히려 1839년 벨기에와 룩셈부르크 문제를 처리한 바 있는 강대국들에게 이 문제를 해결하기 위해 다시 모이자고 제안함으로써 프랑스의 체면을 잃지 않도록 도와주었다. 결국 프랑스가 비스마르크의 제안에 동의하여 1867년 5월 7일 런던에서 국제회의가 개최되면서 긴장은 완화되었다.

회의 결과 네덜란드 국왕 빌렘 3세는 대공국 룩셈부르크를 보존해야 했고, 항구적인 중립은 강대국들, 즉 영국, 프랑스, 이탈리아, 프로이센, 그리고 러시아에 의해 보장되었으며, 프로이센 수비대는 철수하게 되었고, 룩셈부르크 요새는 파괴되었다.[3] 국제회의 결과 나폴레옹 3세 역시 다른 방도가 없었다. 이로써 프랑스의 룩셈부르크 합병 시도는 차단되었는데, 이는 프랑스가 형제전쟁을 통해 얻은 것이 아무것도 없다는 것을 의미한다. 이후 나폴레옹 3세는 프로이센과 어떠한 협상이나 동맹을 체결해서는 안 된다는 것도 인지했다. 당시 사람들은 룩셈부르크 대공국을 '북부의 지브롤터(Gibraltar des Nordens)'라 칭했다.

2. 프랑스의 대응

비록 유럽 내에서 위기감이 완전히 사라지지 않았고, 프랑스와 독일 간의 전쟁이 가까운 장래에 발발할 가능성이 컸다고 하더라도 일단 전쟁

---

[3] 이후에도 일부 프랑스 정치인들은 벨기에를 프랑스에 합병해야 한다고 주장했다. 이러한 시도에 비스마르크는 이의를 제기하지 않았는데, 그것은 프랑스의 벨기에 합병으로 영국과 프랑스 사이의 관계가 소원해지는 것을 파리 정부가 원하지 않고 있다는 데서 나온 것 같다.

없이 위기는 수습되었다. 1867년 이전 나폴레옹 3세는 실제로 프랑스의 외교 정책을 통제했다. 당시 그는 독일 내에서 발생한 커다란 변화를 쉽게 받아들였다. 그것은 자신의 민족주의적 관점과 일치했을 뿐만 아니라 그 자신이 나폴레옹의 숙적이었던 오스트리아-헝가리를 약화하기 위해 프로이센과의 협력 관계도 원했기 때문이다.

그러나 룩셈부르크 위기 이후 나폴레옹 3세는 비스마르크에 대해 크게 환멸을 느꼈다. 이제 프로이센과 동맹을 체결할 희망은 사라졌고 반프로이센적 성향의 고문들이 와병 중인 황제에게 영향력을 행사하게 되었다. 이들은 독일을 가능한 한 약화하고 분열시키려 했던 이전의 정책으로 복귀하는 데 주력했다. 국내에서 팽창하는 불만을 의식한 듯 이들은 라인 동안에서 더는 물러나지 않을 것을 결의했다. 제2제국이 생존하기 위해 프랑스는 어떠한 대가를 치르고서라도 북부와 남부독일의 결합을 저지해야 했다.

비스마르크는 외교 현안에서 북부와 중부 독일에서 프로이센의 우위를 확립하기 위해 노력한 외무부 전임자들의 정책을 계승했는데, 이 정책은 1866년의 승리로 귀결되었다. 그러나 룩셈부르크 사태는 남부독일 국가들이 북독일연방에 가입하기 전까지 민족주의가 끊임없이 불안하고 분열적 힘으로 작용하리라는, 비스마르크의 점점 커가는 믿음을 확증시켜주는 것처럼 보였다.

이제 비스마르크는 자신이 과거에 이용하려고 했던 대중적 힘의 포로가 되었고, 최종적으로 통일이라는 관점에서 생각하게끔 강요받았다. 그런데 1866년 여름, 남부독일 내 움직임은 독일 통일에 유리한 방향으로 진행되고 있었다. 슈투트가르트에 모인 남부독일의 자유주의자들은 즉각적인 통일에 관심을 보였고, 뷔르템베르크에서는 통일을 위해 활동할

나폴레옹 3세

정당의 창당도 추진되었다. 바덴 의회는 통일 지향적인 결의안을 통과시켰고, 바이에른 의회에서도 비슷한 동의안이 발의된 후 가결되었다. 그러나 이는 일시적 현상에 불과했는데, 그것은 강화조약이 체결된 후 바로 분리주의가 다시 소생했기 때문이다.

당시 분리주의 정당은 뷔르템베르크와 바덴에서 위세를 떨쳤는데, 그 지역에서는 대중이 소수의 상층 중산계급과 달리 프로이센을 크게 불신했지만, 오스트리아–헝가리에 대해서는 동조적이었다. 이렇게 만연한 적대감은 종종 종교적 요인 때문이었는데, 가톨릭이 바이에른을 비롯한 독일 남부 지역에서 깊이 뿌리내렸기 때문이다. 또한 당시의 적대감은 지방적 특권을 줄이는 데 대한 본능적 대응이기도 했다. 실제로 신연방 헌법은 물론이거니와 북부 및 중부 독일에서 행해진 대규모 합병은 프로이센의 지배권에 대한 공포심을 더욱 증폭시켰다.

'바덴의 자유주의자'로 알려진 외무장관 로겐바흐(Franz Freiherr v. Roggenbach)는 연방을 "개와 그에 기생하는 벼룩의 연합(Ein Bund aus einem Hund und Flöhnen auf seinem Rücken)"이라고 묘사했다. 따라서 남부 국가들의 정부는 프로이센과 군사협정을 체결하면서 의회를 설득하기가 어려웠다. 룩셈부르크 위기는 전쟁에 끌려 들어가기를 원치 않았던 마인강 이남 국가들에 심각한 우려를 일으켰다. 오직 바덴만이 통일에 대한 열망을 계속 갖고 있었는데, 아마도 프랑스와 지리적으로 근접해 있다는 경각심 때문이었던 것 같다.

비스마르크가 사태의 추이를 지켜보는 동안 프랑스는 프로이센을 견제하고 그 최종적 통일을 막기 위한 정책에 동조할 동맹국을 찾기 위해 외교적 주도권을 행사했다. 따라서 나폴레옹 3세는 동맹의 가능성이 있는 오스트리아–헝가리와 접촉을 시도했고 더욱 가시화하기 위해 1867

년 8월 잘츠부르크에서 프란츠 요제프 1세와 회담도 했다.[4]

당시 작센 왕국의 수상으로 활동한 신임 오스트리아-헝가리 수상 보이스트(Friedrich Ferdinand v. Beust)는 프로이센에 대한 복수를 갈망하고 있었다.[5] 그러나 문제는 오스트리아-헝가리가 독일에 대한 관심을 급속히 잃고 점점 남동부 유럽으로 관심을 집중한 데 있었다. 당시 오스트리아-헝가리는 반프로이센 견해를 밝히기 전에 러시아와의 관계에서 프랑스의 지원을 보장받고자 했기 때문에 아무런 진전도 이루어지지 않았다. 1868년 이탈리아도 협상에 참여했으나 교착 상태는 타개되지 않았다. 이탈리아는 프랑스 주둔군이 로마에서 철수한다는 조건에서만 프로이센과 싸우려고 했는데, 이 조건은 당시 가톨릭 세력의 지지를 받던 나폴레옹 3세로서는 이행하기 어려운 대가였다. 또한 1869년 시도했던 러시아에 대한 접근도 프랑스를 고립에서 구해주지 못했다. 당시 러시아는 프로이센과의 전쟁에서 얻을 것보다는 잃을 것이 훨씬 더 많다는 것을 인지하고 있었다.

이러한 국제적 상황에서 나폴레옹 3세는 그동안 주저했던 프랑스, 오스트리아-헝가리, 그리고 이탈리아 사이의 삼국동맹 출범에 호의적인

---

[4] 이에 앞서 비스마르크는 파리에 가서 나폴레옹 3세를 만났다. 프랑스 황제는 1865년 10월 비아리츠에서와 같이 그를 환대했다. 후에 프랑스 문필가가 비스마르크와 몰트케의 파리 방문의 실제 목적을 제시했는데, 그에 따르면 이들은 파리에서 열린 세계박람회 참석을 빌미로 파리에 와서 이 도시를 공략하는 데 가장 좋은 장소가 어딘가를 확인하는 것이었다. 러시아 외상 고르차코프도 거의 같은 시점 파리에 왔는데, 그는 1863년 폴란드 문제로 무너진 러시아와 프랑스 간의 관계를 개선하고 동맹 체제 역시 구축하려 했다.

[5] 이 인물은 취임한 직후부터 북독일연방과 남부독일 국가의 연합을 금지하는 것이 프라하 평화조약을 준수하는 것이라고 했다.

자세를 보였고 그에 따라 1869년 5월 삼국동맹이 정식으로 출범했다. '협의하기로 약속한다(pactum de contrahendo)'는 성격을 가진 삼국동맹(Triple-Entente gegen Preußen)은 향후 전쟁 징후가 나타난다면 동맹 참여국들이 상호 간 방어와 공수동맹 체제를 구축한다는 것이다. 오스트리아-헝가리가 프로이센과 전쟁을 벌인다면 프랑스와 이탈리아는 오스트리아-헝가리를 지원하고, 프랑스가 프로이센과 전쟁을 치를 때 오스트리아-헝가리는 프랑스를 지원하는데 여기서는 러시아가 프로이센을 위해 전쟁에 참여한다는 전제 조건도 첨부되었다. 삼국동맹 조약에서는 프로이센이 전쟁에서 패할 경우도 언급되었다. 실제로 프로이센이 패한다면 이탈리아는 트렌티노(Trentino)를 확보하고 프로이센의 영역을 많이 축소한다는 것이다. 아울러 오스트리아-헝가리는 독일에 위해를 끼치지 않는다는 것도 조약에 명시되었다. 당시 삼국동맹 참가국들의 총인구는 1억 명이 넘었고, 이들 국가가 보유한 병력도 300만 명이나 되었다. 이를 통해 삼국동맹은 독일 민족국가를 압박하는 일종의 포위 작전을 지향한 것 같다.

    1870년 1월 나폴레옹 3세가 자유주의 정책을 수용하면서 프랑스 외교 정책의 근간 역시 바뀌었다. 야당 지도자였던 올리비에(Emile Olivier)가 이끈 신내각은 독일 통일이 불가피하다는 것을 인정했다. 따라서 그는 만일 남부와 북부의 통일이 평화적인 방법으로 이루어진다면, 독일에 대해 간섭하지 않으려고 했다. 이는 급속히 쇠약해진 황제의 마음을 끈 견해이기도 했다. 이러한 정책 전환은 아마도 프랑스와 독일 간의 관계 개선을 가져올 것처럼 보였다. 그러나 6개월 후 양국은 에스파냐 왕위 계승 문제를 둘러싸고 치열한 대립을 해야 했다.

이사벨라 2세. 에스파냐 혁명으로 인해 왕좌에서 축출된다.

3. 에스파냐 왕위 계승

당시 에스파냐의 국왕은 보르본(Borbón) 왕조의 이사벨라 2세(Isabella Ⅱ, Maria Luisa, 1833~1868)였다. 이사벨라 2세는 부친 페르디난드 7세(Ferdinand VII)가 1830년 제정한 국사조칙에 따라 왕위계승자로 결정되었다. 1833년 이사벨라 2세가 세 살의 어린 나이에 등극함에 따라 그녀의 어머니 마리아 크리스티나(Maria Christina)의 섭정 체제가 시작되었다. 이사벨라 2세는 1846년 10월 자신의 의지와 상관없이 사촌인 프란츠 폰 아시시(Francisco de Asís)와 결혼했다. 이사벨라 2세가 통치하던 에스파냐 왕국은 정당 간의 대립, 잦은 정권 교체, 그리고 반란에서 벗어나지 못했다. 1868년 9월 17일, 여러 정당이 관여한 소요가 마드리드에서 발생해 이사벨라 2세가 추방된 이후부터 에스파냐인은 이사벨라 2세를 대신할 새로운 통치자를 유럽에서 찾고자 했다.[6] 당시 에스파냐의 중도 우파 정치가들은 포르투갈의 이전 국왕 페르난두 2세(Fernando II, 1837~1853)를 선호했는데, 이 인물은 자기 영지에서 스위스계 미국 여배우 헨슬러(Elise Friedericke Hensler)와 같이 생활하고 있었다.[7] 그런데 페르난두 2세는 에스파냐 임시정부의 요청을 정중히 사절했다.

포르투갈 후보자가 왕위 계승을 거부하자, 에스파냐 임시정부는 호엔촐레른-지크마링겐(Hohenzollern-Sigmaringen) 가문에 접근했다. 호엔촐레른-지크마링겐은 호엔촐레른가에 속하는 남부독일의 가톨릭계 가문

---

6 당시 프랑스는 에스파냐가 자국에 예속된 듯 통치 후보자들에 대한 검증 또는 간섭을 지속적으로 했다.
7 페르난두 2세는 1869년 신분이 낮은 헨슬러와 귀천상혼했다.

으로서 1866년 이미 루마니아 국왕 카롤 1세(Carol I)를 배출한 바 있다.[8] 1870년 2월 에스파냐 전권 공사인 프림(Juan Prim) 장군은 호엔촐레른-지크마링겐 가문의 수장인 카를 안톤에게 1861년 안토니아(Infanta Antonia) 포르투갈 공주와 결혼한 그의 장남 레오폴트(Leopold)가 왕위를 계승할 수 있도록 해달라고 요청했지만, 카를 안톤은 이 제의에 매우 주저했다. 비스마르크는 1869년 가을 프림 장군의 첫 독일 방문에 대해 몰랐다. 그러나 1870년 2월의 두 번째 방문 소식을 접한 비스마르크는 호엔촐레른-지크마링겐 가문에 왕위 계승 수락을 종용했다.[9]

비스마르크의 의도는 무엇이었을까? 이전과 마찬가지로 이번에도 비스마르크의 의도에는 여러 가지가 얽혀 있었다. 1870년 초까지 비스마르크는 독일 통일에 필요한 방법을 모색했다. 그런데 1869년 11월 바이에른에서 치른 지방선거에서 분리주의 세력이 강세를 보였고 친프로이센 내각 역시 크게 약화했다. 게다가 1870년 2월에는 비스마르크가 바덴과의 즉각적 통합을 요구하는 제국의회의 제안을 시기가 부적절하다는 이유로 거부했는데, 이에 대해 국민자유당은 그가 민족적 대의에 무관심하다는 비난을 가했다. 또한 1870년에는 제국의회 선거도 예정되어 있

---

[8] 이 가문은 600년 전에 호엔촐레른-브란덴부르크 가문에서 분리되었다. 레오폴트의 친동생이었던 카를 1세는 프랑스 정부의 제안에 따라 루마니아 국왕으로 등극했다.

[9] 프로이센의 위정자가 에스파냐 왕위 계승에 관여하게 된 것은 자국의 허락 없이는 호엔촐레른 방계 가문의 인물이 어떠한 왕관도 받을 수 없다는 법도에서 비롯된 것 같다. 당시 비스마르크는 빌헬름 1세에게 서신을 보내 레오폴트의 에스파냐 왕위 계승으로 지금까지 홀대받던 호엔촐레른 가문의 국제적 위상을 증대할 수 있다고 했는데, 그것은 합스부르크 가문을 의식한 데서 나온 것 같다. 이어 그는 무정부 상태에 놓여 있는 1,600만 명의 인구를 가진 국가, 즉 에스파냐의 운명을 등한시해서는 안 된다는 도덕적 관점도 피력했다.

었는데, 새로 출범하는 제국의회는 강제 예산을 재검토할 권한도 가지기 때문에 정부가 이를 통제해야 하는 어려운 과제도 부여받았다. 비스마르크는 호엔촐레른 가문의 위신을 드높일 수 있는 승리가 자유주의자들에게 깊은 인상을 주고 자신에 대한 신뢰 역시 회복되리라는 기대를 품고서 빌헬름 1세를 연방 황제, 혹은 아마도 독일제국 황제로 추대하기 위한 계획도 추진하고 있었다. 그러나 예상과 달리 당시 비스마르크의 계획은 별다른 진전을 보이지 못했고, 그 시점에 호엔촐레른-지크마링겐 가문이 에스파냐 왕위 계승을 제안받았다는 변수가 발생했다.

당시 비스마르크는 호엔촐레른-지크마링겐 가문이 왕위 계승을 거부한다면 바이에른과 바덴에서 후보자를 내세우게 되리라는 점을 우려했고, 실제로 그렇게 된다면 남부독일에서 분리주의가 더욱 활성화되리라는 판단까지 했다. 게다가 비스마르크는 프랑스의 움직임도 저지하려고 했는데, 프랑스가 아직도 오스트리아-헝가리와의 동맹을 희망했으며, 1870년 초 오스트리아-헝가리의 알브레히트(Erzherzog v. Albrecht) 대공이 프랑스와의 상호 군사 협력을 더욱 구체화하기 위해 파리를 방문하고 있었기 때문이다.

올리비에 내각은 출범 초 프랑스의 바뀐 외교정책을 계속 추진하려고 했다. 그러나 5월 초 시행된 국민투표 이후 변호사 그라몽(Antoine Alfred Agenor de Gramont)이 외무장관으로 임명됨에 따라 상황은 급변했다. 독일 작곡가 바그너(Wilhelm Richard Wagner)의 여동생과 결혼한 그라몽은 명문 가문 출신으로 다년간 외국에 체류하면서 화려한 외교 경력을 쌓았지만, 지도자로서는 종종 무분별하게 행동하는 약점도 가지고 있었다. 실제로 이 인물은 빈 주재 프랑스 대사로 활동했고 그 이전에는 정부 각료로 활동하기도 했다.

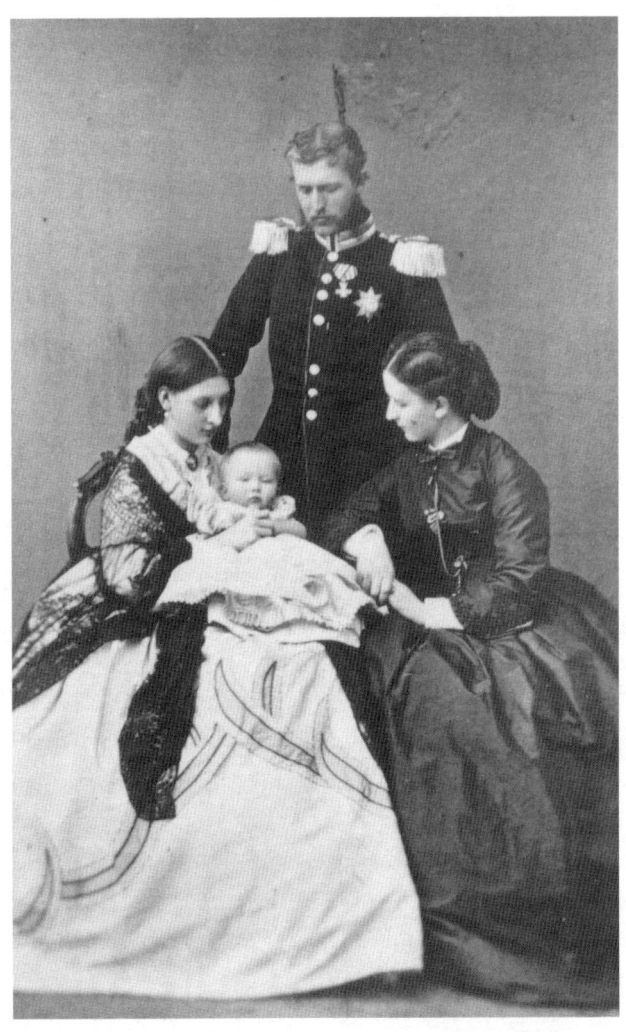

에스파냐 왕위 계승을 종용받게 된 호엔촐레른 지크마링겐 가문의 레오폴트 왕자와 부인 안토니아, 아들 페르디난트, 그리고 레오폴트의 여동생인 마리 공주(1866).

당시 비스마르크는 프로이센에 매우 적대적인 그라몽이 결국 전쟁을 일으킬 것이라는 확신도 했는데, 이것이 호엔촐레른-지크마링겐 가문과 에스파냐인 사이의 지지부진한 협상에 새로이 활력을 불어넣은 또 다른 이유라 하겠다. 비스마르크는 외교적 승리를 거둬 프랑스의 기세를 꺾고자 했다. 그의 판단에 따르면 호엔촐레른 가문의 에스파냐 왕위 계승은 틀림없이 프랑스의 자존심에 상처를 줄 것이고, 프랑스인은 그 분노를 나폴레옹 3세에게 돌림으로써 프랑스 국력 역시 약화하리라는 것이다. 그렇게 된다면 프로이센이 프랑스의 개입에 대한 염려 없이 통일도 완수할 수 있다는 것이다. 당시 비스마르크가 통일 문제를 놓고 제시한 또 하나의 가능성은 전쟁이었다. 실제로 전쟁에서의 승리는 여러 대에 걸친 역사적 과업을 일거에 성취할 수도 있다. 그리고 왕위 계승 후보자로 나서는 것은 의식적으로 전쟁을 원하지 않더라도 어느 정도 전쟁 위험을 수반하는 비타협적인 정책이었고, 이 점 또한 비스마르크는 충분히 인식하고 있었다.

6월 19일 레오폴트는 에스파냐 왕위 계승에 대한 부정적 자세를 포기했고, 2일 후인 6월 21일 왕위 계승도 수용했다.[10] 국왕 빌헬름 1세 역시 마지못해 허가했다. 베를린 주재 에스파냐 전권 공사 살라자르(Eusebio de Salazar)는 마드리드 정부에 수일 내 레오폴트의 왕위 계승 동의서를 가지고 귀국한다는 것을 알렸다. 그렇게 되면 에스파냐 의회(Cortes)는 곧 레오폴트를 정식으로 에스파냐 국왕에 추대할 것이고 유럽 역시 기정사실로

---

10 에스파냐 왕위 계승을 제안받은 레오폴트는 거부하는 자세를 보였는데, 그것은 그가 조용한 생활을 원했기 때문이다. 빌헬름 1세 역시 레오폴트의 왕위 계승에 부정적이었다. 이것은 그가 프랑스를 두려워해서가 아니라 소란스러운 에스파냐 정치에 자기 가문의 일원이 관여해서는 안 된다는 판단에서 나온 것이다.

수용할 것이다. 그러나 마드리드의 암호 해독가는 살라자르가 보낸 전문에서 중요한 문구를 잘못 해독했는데, 그것은 살라자르가 7월 중순 마드리드에 도착한다는 것이었다. 그 실수로 프림의 마드리드 정부는 살라자르가 귀국할 때까지 기다리지 않고, 의회를 6월 23일부터 가을 정기회기가 열릴 때까지 휴회시켰다.[11] 6월 28일 살라자르가 마드리드에 도착했을 때, 레오폴트에 대한 비밀은 이미 공공연한 화젯거리가 되었고, 7월 2일에는 파리에까지 알려졌다.

당시 좌파와 우파 반대파로부터 온건한 외교 정책 때문에 비난받던 파리 정부는 비스마르크가 주도한 외교 정책과 거기서 파생된 새로운 굴욕을 더는 참으려고 하지 않았다. 내각의 전폭적 지지를 받던 그라몽은 7월 6일 하원에서 간결하고 확신에 찬 연설을 했다. 연설에서 그는 호엔촐레른 가문의 인물이 에스파냐 왕위를 계승한다면, 그것은 유럽의 세력균형을 위협하고 프랑스의 영광과 이익을 침해하기 때문에 절대로 용납할 수 없다고 했다. 당시 유럽 강대국들은 프랑스 외무장관의 이러한 선동적 발언에 불만을 표시했지만, 열렬한 제국주의자들로 가득 찬 프랑스 하원은 그에 적극적으로 동조했다.[12]

프랑스 언론 역시 자국을 견제하기 위해 호엔촐레른 가문의 인물을 에스파냐 초소에 배치하려는 독일의 전략을 비난하고 프로이센에 사죄하도록 요구했다. 그러나 프랑스 정부가 전쟁을 원하고 있었던 것은 아니

---

11   당시 에스파냐의 독재자 프림은 의회를 7월 중순까지 개원할 필요가 없음을 인지했다.
12   파리 주재 오스트리아-헝가리 대사는 그라몽과의 대화에서 프랑스 외무장관이 아주 좋은 기회를 포착했다고 언급했다. 즉 그는 그라몽이 외교적으로 승리하거나, 독일의 민족감정과 연계되지 않는 전쟁에서 승자가 될 기회도 포착했다고 지적했다. 이러한 지적에 대해 그리몽은 탁월한 분서이라고 받아쳤다.

었다. 단지 제국의 파멸을 초래할 또 하나의 외교적 실패를 두려워했을 뿐이다. 그래서 그것을 저지하고 프랑스의 권익을 지키기 위해 전쟁의 위기까지 몰고 갈 심산이었는데, 그들이 단호히 대처하고 무력으로 위협한다면 프로이센이 굴복할 것이고, 프랑스 제위 역시 보존될 수 있으리라 믿었기 때문이다. 이러한 관점에서 7월 6일의 선언은 나폴레옹 3세에게 반대하던 여론을 가라앉히고, 정부 결정에 동조하게 함으로써 이미 목적 중의 하나를 달성했다.[13]

사태는 점점 비스마르크에게 불리하게 전개되었다. 프랑스의 압력을 받은 에스파냐 정부는 호엔촐레른-지크마링겐 가문이 이전 결정을 철회하리라는 점에 동의했다. 이 모든 일이 프랑스의 입장을 고려하지 않은 책동이라 간주하고, 그 평화적 해결을 희망한 강대국들 역시 호엔촐레른-지크마링겐 가문이 후보에서 물러날 것을 요구했다. 결국 카를 안톤은 7월 12일 레오폴트의 왕위 계승을 포기하기로 결심하고, 그러한 결정을 마드리드에 타전했다. 국왕 빌헬름 1세도 그제야 마음을 놓게 되었다. 당시 빌헬름 1세는 호엔촐레른 가문의 수장으로서 레오폴트의 에스파냐 왕위 계승을 포기시키려 했다. 레오폴트의 포기 소식을 접한 빌헬름 1세는 왕비에게 서신을 보내 가슴을 짓누르던 무거운 돌을 이제야 내려놓는다고 언급했는데, 그동안 에스파냐 왕위 계승 문제로 스트레스를 받아왔다는 것을 우회적으로 표현한 것이다.

비스마르크는 이미 그러한 사태 발전을 예상했듯이 태연한 체했다. 그러나 그는 사태가 역전됨에 따라 매우 의기소침해 있었다. 실제로 비스

---

[13] 7월 8일 비스마르크는 그라몽의 연설문을 받았는데, 프랑스가 전쟁을 결정하지 않았다면 그라몽이 의회에서 그런 연설을 할 수 없다는 판단도 했다.

마르크는 레오폴트의 에스파냐 왕위 계승 포기를 프랑스에 대한 프로이센의 패배로 간주했다. 또한 프랑스의 기세가 등등해진 만큼 유럽에서 프로이센의 위상 역시 약화할 수밖에 없다는 확신도 했다. 당시 그는 국왕으로부터 배신당한 느낌이 들었고, 후보자 철회가 프로이센에 미치는 외교적 의미 때문에 낙담했다. 그런데도 프랑스의 승리가 어떻게 해서든지 최소화되기를 희망했기 때문에 사임하지 않았다.

4. 엠스로부터의 전보

확실히 레오폴트의 에스파냐 왕위 계승 포기는 프랑스의 위신을 회복하기에 충분했다. 실제로 나폴레옹 3세와 올리비에는 프랑스의 자존심이 충족되었다고 생각했지만, 그 승리를 최대한 이용하려고 했던 그라몽은 그렇게 생각하지 않았다. 그라몽은 영향력 있는 신문들, 의원들, 그리고 후보자 철회만으로 충분하지 않다고 생각한 많은 사람의 지지를 받고 그 나름의 정책도 강력히 추진했다. 실제로 당시 프랑스 정치에 영향을 끼치던 인물들은 프로이센에 참기 어려운 카우디움(Kaudium) 굴욕, 즉 고대 로마 공화국 시기, 카우디움 협로에서 삼니움에게 패전한 로마군이 복종 표시로 세 개의 창으로 만든 멍에 밑을 기어간 것 같은 굴욕을 주어야 한다고 주장했고, 프랑스 정부 기관지인 『모니퇴르(Moniteur)』는 프로이센이 남부독일 국가들과의 동맹체제를 해체하고 마인츠에서 철수해야 한다는 더욱 구체적인 관점도 피력했다.

프랑스에서 이러한 반프로이센적 정서가 팽배해짐에 따라 나폴레옹 3세와 그의 측근들은 비스마르크에게 굴욕감을 주어 프로이센 수상이 거기에서 벗어나지 못하게 하려고 했다. 당시 올리비에는 "우리는 프로이센 공격에 의견 일치를 보았으며 의회의 동의와 국민의 지지도 확보했다. 14일 이내에 40만 명에 달하는 병력을 자르 지방에 집결시킨 후, 1793년처럼 독일을 공격할 것이다"라고 했다. 에스파냐 왕위 계승 문제가 프랑스가 원한 대로 해결되었음에도 그라몽이 주도하던 프로이센에 대한 프랑스의 공세는 더욱 강화되었다. 그것은 레오폴트의 자진 사퇴로 프로이센이 에스파냐 왕위 계승에서 전혀 굴욕적 상황에 놓이지 않았다는 파리 정부의 판단에서 나온 것 같다.[14]

따라서 그라몽은 프로이센이 실제적 굴욕을 느낄 때까지 압박 정책을 더욱 강화하기로 했고 그 목적으로 7월 13일 베를린 주재 프랑스 대사 베네데티에게 서신을 보냈는데, 우선 베네데티가 프랑스의 반프로이센 성향을 정확히 파악하지 못한 것을 힐책하고 빌헬름 1세로부터 후보자 철회에 대한 추인과 더는 그 문제에 대한 재론이 없을 것이라는 보장마저 가능한 한 빨리, 즉 내일이 아닌 오늘 당장 받아낼 것을 요구했다.[15] 전자의 요구는 적절한 것이었으나, 후자의 경우는 프로이센에 굴욕감을 주고 파리에 대한 예속성에서 벗어나지 못하고 있음을 드러내도록 계산한 것이었다.

베네데티에게 서신을 보내기 전, 그라몽은 올리비에와 같이 파리 주재 프로이센 대사 베르터(Georg Freiherr v. Werther)를 외무성으로 소환하여 빌

---

[14] 독일 역사가 콜브(Eberhard Kolb)는 프랑스 정부가 7월 위기 때 큰 실수를 범했다고 지적했는데, 그것은 프랑스가 에스파냐 왕위 계승에서 거둔 승리를 너무 쉽게 잃었다는 것과 전쟁 발발의 책임을 모두 져야 하는 상황에 놓이게 된 데서 확인할 수 있다고 했다.
[15] 베네데티는 1864년부터 베를린 주재 프랑스 대사로 활동하고 있었다.

바트 엠스에서 산책하며 이야기를 나누는 빌헬름 1세와 베네데티

헬름 1세에게 서신을 보낼 것도 요구했다. 그리고 프랑스 의회로 보낼 빌헬름 1세의 답변에서 프로이센 국왕이 에스파냐 왕위 계승 문제로 마드리드와 비밀 협의를 한 데 대해 사죄하고, 그 과정에서 나폴레옹 3세와 프랑스에 모욕을 주려는 의지가 없었다는 내용 역시 반드시 들어 있어야 한다고 요구했다. 또한 그라몽과 올리비에는 빌헬름 1세의 서신을 언론에 공개하겠다는 의사도 밝혔다. 베르터는 프랑스 정치인들의 이러한 요구를 거부했지만, 엠스에 머물던 국왕에게 자세한 내용을 보고했다.

상급자로부터 강한 힐책을 받은 베네데티는 같은 날 엠스 온천(Bad Ems)에서 휴양 중이던 빌헬름 1세를 만났다. 국왕은 레오폴트가 에스파냐 왕위 계승을 자진 철회한 것에 만족감을 표시하고, 호엔촐레른-지크마링겐 가문이 그 소식을 공식적으로 확인하면 바로 베네데티에게 통지하기로 약속했다. 그러나 빌헬름 1세는 베네데티가 레오폴트의 에스파냐 왕위 계승을 더는 거론하지 않겠다는 것도 공식적으로 보증해달라는 요구를 공손하기는 하나 단호하게 거절했다. 그날 늦게 철회를 언급한 카를 안톤의 서신이 도착하자, 빌헬름 1세는 즉각 그 소식을 시종무관인 라드치빌(Anton Furst v. Radziwill)을 통해 베네데티에게 알려주었다. 프랑스 대사가 공식적인 보증 문제를 가지고 다시금 면담을 요청하자, 국왕은 부관을 통해 그에 대해 단호하게 거절하면서 베네데티를 비스마르크와 만나도록 했다. 이러한 상황에서 베네데티는 엠스 요양지 공원을 거닐던 빌헬름 1세에게 다가가 호엔촐레른 가문의 인물이 더는 에스파냐 왕위 계승을 하지 않는다는 것을 문서로 요구하는 무례한 행동까지 저질렀다.

당시 바르친(Varzin)에 머물던 비스마르크는 12일 오후 베를린으로 돌아온 후 자신의 퇴진을 먼저 생각했다. 그러나 그는 바로 북독일연방의회 개최를 생각했고 그러한 구상을 빌헬름 1세가 거절하면 수상 자리에서 물러난다는 견해로 변경했다. 비스마르크는 북독일연방의회에서 자신을 독일의 명예 수호자로 부각하고, 프랑스에 대한 항의 표시로 사임하거나 북독일연방의회 연설에서 무례한 프랑스 태도를 거리낌 없이 비난하는 연설을 하겠다는 구상도 했다. 자신의 태도를 정리한 비스마르크는 룬과 몰트케를 비롯하여 러시아 수상 고르차코프와 프로이센 주재 영국대사와도 면담했다. 여기서 비스마르크는 그라몽이 의회에서 행한 지속적인 선동을 비난했고, 나름대로 프랑스의 압박 정책에 대해 프로이센이 반격도 준비하고 있다는 것을 언급했다.

비스마르크는 자신의 회고록에서 레오폴트의 에스파냐 왕위 계승 철회 소식을 듣고 룬, 몰트케와 함께 우울한 기분 속에서 저녁 만찬을 하던 1870년 7월 13일의 상황을 생생하게 묘사했다. 비스마르크는 만찬 도중 빌헬름 1세의 명령에 따라 아베켄(Heinrich Abeken)이 바트 엠스에서 가져온 전문을 읽었다. 여기서는 베네데티와의 면담에 관한 설명을 포함하여 바람직하다면 그 내용을 신문에 공표할 권한마저 비스마르크에게 주겠다는 것도 언급되었다. 비스마르크는 전문을 서너 차례 읽은 후 몰트케에게 전쟁 준비가 되어 있는가를 질문했고 그에 대해 긍정적 답변을 들은 후, 그는 곧 자리에 앉더니 몇 개의 단어를 삭제했다. 이어 그는 전문을 공표하기 위한 간결한 문장으로 가다듬었다. 이렇게 고쳐진 전문은 원문의 의미를 완전히 바꾸어버렸다.

비스마르크에 의해 수정된 엠스 전문은 바로 북독일연방에 소속된 국가들과 바이에른을 비롯한 남부독일 국가들에 전보로 보내졌고 일부 신문, 즉 7월 14일 친정부 성향의 『노르드도이체 알게마이네 차이퉁(*Norddeutsche Allgemeine Zeitung*)』과 다음 날인 7월 15일 『프로이센 왕립 관보(*Royal Prussi an State Gaxette*)』를 통해서도 공개되었다. 수정된 엠스 전문의 내용은 호엔촐레른 가문의 레오폴트가 (에스파냐 왕위 계승을) 포기해야 하는 이유, 에스파냐 정부가 프랑스 정부에 레오폴트의 에스파냐 왕위 계승 포기를 공식적으로 통고한 이후 프로이센 주재 프랑스 대사가 엠스에서 국왕 폐하에게 호엔촐레른 가문의 인물이 (에스파냐) 국왕 후보로 되는 것과 같은 일이 향후 있더라도 절대로 동의하지 말 것을 국왕 폐하가 서약한다는 취지를 파리에 타전할 수 있는 권한을 요

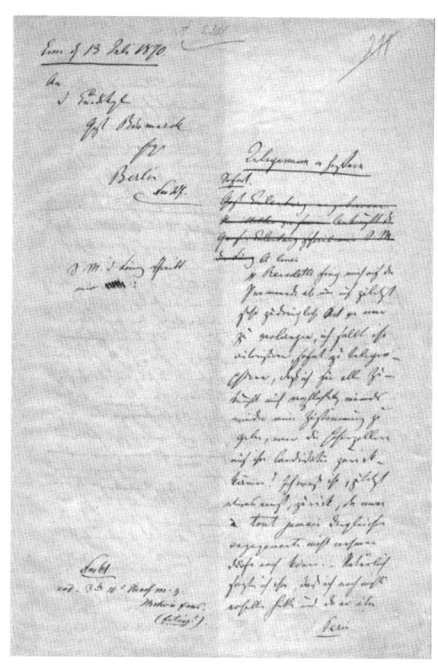

바트 엠스에서 온 전문

구했고, 이에 대해 국왕 폐하는 프랑스 대사를 다시 만나는 것을 거절하고 부관을 통해 대사에게 더는 그 어떤 것도 전할 것이 없다는 것을 알려주었다라고 요약할 수 있다.

비스마르크는 자신이 수정한 전보에서 빌헬름 1세가 취한 예의 바른 행동에 대한 모든 언급을 빼고 프랑스 요구에서 비롯된 굴욕스러운 성격만을 부각했으며, 국왕이 이미 국가 명예를 보전하기 위해 프랑스와의 외교 관계도 단절했음을 넌지시 암시했다. 비스마르크에 따르면 룬과 몰트케 역시 이에 생기를 되찾아 미래 전쟁에 관해 활발히 이야기를 나누었으며, 특히 몰트케는 "문장의 어조가 달라졌다. 처음에는 회견 같았는데, 이제는 마치 도전에 대한 단호한 대응같이 들린다. 항복의 북소리가

프랑스 요구에 대한 응답에서 승리의 나팔 소리로 바뀌는 것 같다."라고 말했다.

원문을 재편집한 것은 사실이나 비스마르크는 확실히 그 상황을 지나치게 과장했다. 당시 베를린의 분위기는 침체해 있지 않았다. 프랑스가 지나치게 무리한 행동을 한다고 생각한 비스마르크는 상황 역전을 위해 전력을 다했다. 이렇게 비스마르크가 적극적 행동에 나선 것은 러시아가 프로이센을 지지한다는 확신과 오스트리아-헝가리가 운신할 여지가 거의 없다는 데서 나온 것 같다. 아울러 영국과 이탈리아의 중립적 태도 역시 비스마르크의 결정에 일조했다. 비스마르크는 룬과 몰트케의 동의를 얻어 프랑스가 그들의 의도를 드러내게끔 최후통첩도 보내야 한다는 것을 이미 국왕에게 보내는 전문에서 거론했다. 빌헬름 1세는 비스마르크가 수정한 엠스 전보를 읽은 후 바로 프랑스의 무례함을 간파했는데, 그 자신은 파악하지 못한 것이었다.

엠스로부터의 전보는 비스마르크에게 기회를 제공했다. 그러나 엄밀히 말해서 문서가 위조된 것은 아니었다. 그러나 수정된 문서는 프랑스에 굴욕을 가하고, 상호 간 비타협적인 외교정책을 추진하는 과정에서 베를린이 재차 유리한 고지를 차지하기 위해 특별히 계획된 것이었다. 전쟁이 사실상 불가피하다는 점을 분명히 파악한 비스마르크는 어떠한 대가를 치르고서라도 자신의 명성을 회복할 결의가 되어 있었다. 이러한 의미에서 본다면 분명히 비스마르크에게 전쟁 발발에 대한 책임이 있다고 하겠다.

5. 프로이센-프랑스 전쟁

비스마르크의 전쟁 의지를 확인한 프랑스는 프로이센과 그 동맹국과의 전쟁 여부를 결정해야 했다. 그런데도 파리 정부는 프로이센의 군사적 조치들에 관한 보고를 듣고서도 전쟁 선포를 주저했다. 그 대신 파리 정부는 국제회의 소집을 제안했고, 나폴레옹 3세 역시 승리를 확신하지 못했기 때문에 그 제안을 환영했다. 나폴레옹 3세는 정당한 개전의 사유가 없으며, 주저하는 정부를 전쟁으로 몰고 가는 것은 급진주의를 견제하기 위해 승전을 외쳐대던 국수주의적 성향의 문필가와 의원들이라는 점을 잘 알고 있었다. 이에 반해 황후 외제니 드 몬티조(Eugénie deMontijo)는 전쟁을 열망했고, 군 장성들 역시 승리를 확신했다. 7월 14일 저녁, 많은 사람이 파리의 거리와 광장에 모여 전쟁을 지지하는 시위를 벌였다. 이 과정에서 이들은 "베를린으로!" 또는 "프로이센을 패배시켜야 한다!"라는 구호를 외치기도 했다. 다음 날 프랑스 의회 의원들은 11시간에 걸쳐 격렬한 토론을 펼쳤고, 정부가 제출한 전쟁채권안도 245대 10으로 통과시켰다. 이로부터 얼마 후 파리 정부는 전쟁을 결정했고, 7월 19일 베를린에 공식적 선전 포고가 전달되었다.

독일어권에서는 '독일-프랑스 전쟁'을 '1870/71 전쟁(Krieg von 1870/71)'으로 지칭하고 있다. 이에 반해 영어권에서는 먼저 전쟁을 선포한 국가의 이름을 따서 '프랑스-프로이센 전쟁(Franco-Prussian War)'으로 언급하고 있다. 영어 명칭은 프로이센 정부가 전쟁에서 주도권을 장악하고 있음을 강조하지만, 독일 북부 및 남부 동맹국의 역할을 인정하지 않았는데 이것은 동맹국이 전쟁에서 결정적 역할을 하지 않았다는 데서 비롯된 것 같다. 프랑스 연구 문헌에서도 '프랑스-프로이센 전쟁(Guerre Franco-Prussienne)'이란 용어를 사용하다가 점차 '프랑스-독일 전쟁(Guerre Franco-Allemande)'을 선호하는 추세를 보였는데, 이것은 영어권의 분석과는 다른 시각에서 나온 것 같다.

프랑스가 프로이센에 선전포고했다는 소식은 프로이센과 다른 독일 국가의 애국적 분위기를 한껏 고조시켰다. 당시 북독일연방의회의 의장이었던 심손(Martin Eduard v. Simson)은 프랑스와의 전쟁을 '성전(Ein heiliger Krieg)'이라 칭했다. 바이에른 왕국의 총리 겸 외무부 장관이었던 브라이-슈타인부르크(Otto Camillus Graf v. Bray-Steinburg) 백작도 의회에서 당시 독일에서 널리 퍼져 있던 반프랑스적 분위기를 다시금 언급했다. 그는 "여기서부터 사물의 본질은 변한다(Von hier ab ändert sich die Natur der Sache). 지금까지 이슈화된 에스파냐 왕위 계승은 사라지고 그것을 대신하여 독일 문제가 거론되기 시작했다"라고 했다. 심지어 당시 기존 질서 체제를 부정하고 공화정 체제를 지향하던 루게(Arnold Ruge)마저도 현재 상황에서 독일 민족을 지지하지 않는다면 그것은 독일 민족을 배반하는 매우 수치적 행위라고 했다.

독일권에서 대표적 공화주의자로 알려진 루게는 1802년 9월 13일 뤼겐섬(Rügen, 발트해에 있는 독일 최대의 섬)의 베르겐(Bergen)에서 태어났다. 이 인물은 1821년 여름학기(S/S)부터 할레(Halle)대학에서 신학, 고대어, 그리고 철학을 배웠다. 첫 학기부터 루게는 정치적 성향이 강한 라이지히(K.Reisig) 교수 강의에 참석했는데 그것은 그가 당시 분열된 독일 상황에 깊은 관심을 가졌기 때문이다. 당시 루게는 부르셴샤프트가 강제로 해산된 이후 불법적으로 결성된 반정부 단체인 '긴밀한 조합'에서 주도적 임무를 수행하면서 향후 과제들에 대해서도 언급했다. 그것은 정치적 상황 개선을 위해서는 혁명적 상황도 창출해야 한다는 것으로 요약할 수 있을 것이다. 이러한 루게의 발언을 통해 확인되는 것은 그가 기존 질서 체제를 부정한 공화정 체제에 관심을 가졌고 그러한 질서 체제 도입에도 적극성을 가지기 시작했다는 것이다.

루게는 이후 펼친 반정부 활동으로 체포되었고 1826년 3월 25일 브레슬라우(Breslau) 고등법원에서 15년 요새형도 선고받았

공화주의자 아르놀트 루게

다. 당시 모반을 준비하던 비밀단체에 가입했다는 것과 그러한 단체 확장에 크게 관여했다는 점이 죄목으로 제시되었다. 출옥 후 루게는 할레의 왕립교육시설에서 활동했고, 1832년 할레대학에서 '플라톤의 미학(Platonische Ästhetik)'으로 교수자격(Habilitation)도 취득했다. 이후 그는 『문학환담지(Blättern für literarische Unterhaltung)』에 언론 자유 및 인민주권을 실현해야 한다는 관점을 종종 게재하는 적극성을 보였는데 이것은 그를 청년헤겔파(Junghegelianer)의 핵심적 인물로 간주하는 계기도 되었다.

당시 청년헤겔파는 헤겔의 철학을 종교 문제에 국한하지 않고 현실정치에도 적용하려고 했다. 1835년 『예수의 생애(Das Leben Jesus)』라는 저서가 청년헤겔파의 일원이었던 슈트라우스(David Friedrich Strauß)에 의해 출간되었는데 이 저서는 독일에서 매우 큰 관심을 유발했다. 슈트라우스는 저서에서 예수의 기적을 부정하고 복음서의 내용들 역시 역사적 사실이 아니며 자연법칙에 모순된 것으로 신화에 불과하다라는 관점을 피력했다. 당시 루게는 슈트라우스의 종교철학을 보호하는 것 이외에도 헤겔의 변

증법을 '모든 철학의 원리와 방법'으로서 그리고 '확고부동한 진리'로 확신하고 이것을 철학뿐만 아니라 학문 일반과 사회적 삶 자체에도 적용하려고 했다.

바트 엠스에서 베를린으로 귀환할 때, 빌헬름 1세는 역마다 몰려드는 군중의 환호를 받았다. 남부독일인들조차 프랑스 의회에서 행한 그라몽의 호전적이고 오만한 연설에 모욕을 느꼈고 프로이센 국왕에 대한 그의 무례한 태도에 분노까지 터뜨렸다.

당시 프로이센의 외무부와 국방부의 분위기는 낙관적이었는데 거기에는 그럴 만한 충분한 이유가 있었다. 그것은 북독일연방과 동맹을 맺는다는 조건에 따라 남부독일 국가들과의 합동작전이 이미 준비된 데서 비롯된 것 같다. 실제로 1870년 7월 14일, 프랑스가 공식적 선전 포고를 하기 5일 전, 바이에른 왕국에서는 임박한 전쟁에서 바이에른이 해야 할 역할에 대해 열띤 토론이 진행되었다. 하루 뒤, 뮌헨 정부는 프로이센과 더불어 프랑스와 전쟁하기로 결정했다. 다음 날인 7월 16일 바이에른 국왕 루트비히 2세는 바이에른군 총동원령을 내렸다. 뮌헨 정부는 프로이센과 프랑스 사이의 무력 충돌에 적극적으로 참여한다면 향후 가능한 한 많은 주권을 확보할 수 있다는 판단도 했다. 바이에른 외무장관 브라이-슈타인부르크는 당시 바이에른 정책을 다음과 같이 정리했다. 그것에 따르면, 바이에른이 프로이센과 손을 잡고 전쟁에서 승리한다면, 프로이센은 바이에른 왕국의 존재를 인정하고 그것에 부응한 정책도 펼치리라는 것이다. 그리고 만일 프로이센이 전쟁에서 패한다면 바이에른 왕국은 팔츠 지방을 잃을 수도 있지만, 프랑스는 항상 개별 독일 국가의 독립을 선호하기 때문에 그러한 비극적 상황은 초래하지 않을 것이고 뮌헨 정부가 중립을 지키고 프랑스가 승리하더라도 같은 상황이 전개되리라는 것이다. 그러나 만일 프로이센이 승리한다면, 비록 바이에른이 프로이센과의 공수동맹 조약에 반대하여 프로이센 측에 가담하지 않았지만 '하노버의 운명'이 바이에른 왕국에서도 그대로 적용된다는 것이다.

뷔르템베르크 왕국 역시 참전에 의구심을 가졌는데, 에스파냐 왕위 계승 위기 동안 슈투트가르트 정부의 총리 바른뷜러(Karl v. Varnbüler)는 자국 주재 프랑스 대사의 도움을 받아 파리 정부에 온건한 영향력을 행사하려고 노력했다. 그것은 순전히 왕조 사건을 국가적 사건으로 변질시키는 것을 차단하는 것이었다. 엠스 전보 사건 이후 바른뷜러는 바이에른과 긴밀한 대화를 했고, 양국은 프로이센 측에 가담하기로 했다. 뷔르템베르크 국왕 카를 1세(Karl I)는 시위대의 압력에 부응하여 뷔르템베르크군 동원령을 내렸고 의회 역시 만장일치로 전쟁채권 발행에 동의했다.

바덴 대공국은 프랑스와 국경을 접하고 있었으므로 에스파냐 왕위 계승에서 프랑스를 자극하지 않으려고 했다. 그러나 바덴은 프랑스와의 전쟁이 임박해짐에 따라 프로이센과 북독일 연맹군만이 프랑스의 대공국 점령을 막을 수 있다고 판단했다.

프랑스와의 전쟁이 확실시되자 1866년 프로이센과 체결한 상호 공수동맹에 따라 바이에른과 바덴은 7월 16일, 뷔르템베르크는 하루 늦은 7월 17일 병력 동원령을 내렸다. 이렇게 소집된 3국 병력을 토대로 제3군이 구축되었고 프로이센 왕자가 지휘권을 넘겨받았다. 프로이센군 수뇌부는 제3군, 즉 남부독일 연합군의 전투력에 약간 회의적이었지만, 그러한 우려는 전쟁이 시작된 후 바로 불식되었다.

한편 프랑스는 대체로 그들의 승리를 확신했다. 3,600만 명의 인구를 가진 프랑스는 462,000명의 프로이센군에 대항하기 위해, 27만 명의 병력을 전선에 투입했다. 프로이센이 주도하는 462,000명의 독일연합군은

18일 만에 프랑스 국경 지역으로 이동하는 민첩성을 보였다. 이에 반해 프랑스군은 23일이 지났어도 전쟁 참여 준비가 완료되지 못했다. 그런데도 프랑스 군부는 "어찌 되었든 우리는 잘 해내고 있다(on se débrouillera toujours)"라는 다소 방만하고 불투명한 태도를 보였다. 그뿐만 아니라 프랑스 군부는 쉽고, 빠른 승리를 거둘 수 있다고 확신하기까지 하고 있었는데, 국방부 장관 르부프(Edmond Lebouef) 원수가 이러한 관점을 주도했다. 그는 1867년 룩셈부르크 문제가 발생한 후 제시된 니엘(Niel) 원수의 계획안에 동조하고 있었다. 니엘 원수는 티옹빌(Thionville)과 트리어(Trier) 사이에 구축된 전선에서 동쪽으로 진격하여 프로이센을 남부독일 동맹군으로부터 차단해야 한다고 했는데 실제로 이러한 구상은 이 지역의 기존 철도 노선과 견고하게 건설된 프랑스 요새들로 그 구현도 가능했다. 그런데 프로이센군은 전술과 기반 시설에서 프랑스군을 능가하고 있었다. 형제전쟁에서처럼 프로이센이 보유한 군사 조직상의 우월성은 결정적이었다. 국왕에게 직보하는 프로이센-독일 참모부와 반대로, 프랑스 참모부는 단순히 국방부 산하 조직이었다. 그런 이유로 전략이나 전술 훈련이 문제가 될 때면 언제나 좌경화된 국민의회의 정치적 압력을 받았다. 1866년의 승전으로 명성이 보증된 프로이센군 참모부는 계속하여 수송과 보급의 개선을 지향했다.

   프로이센에 대한 선전포고 이후 외교적 상황은 프랑스가 기대했던 대로 진행되지 않았다. 강대국들은 프로이센에 대한 프랑스의 요구와 선전포고를 찬성하지 않았다. 영국은 나폴레옹 3세를 불신했는데 이 불신은 비스마르크가 베네데티가 작성한 1866년의 협정 초안(그 날짜가 밝혀지지 않도록 조심하여)을, 『더 타임스(The Times)』에 게재함으로써 더욱 커졌다. 『더 타임스』는 나폴레옹 3세를 평화 파괴범으로 규탄하면서 부당하고 계획적인 전쟁에 책임져야 한다고 주장했다. 전쟁이 자국의 이익과는 무관하다고 생각한 러시아도 오스트리아–헝가리의 중립을 조건으로 전쟁에 개입하지 않기로 했다. 나폴레옹 3세는 프로이센에 맞서 오스트리아–헝가리와 이탈리아가 지원군으로 참전할 것을 예상했던 만큼 두 나라와의 물밑 교섭에 정성을 기울였다. 특히 쿠스토차에서 승리를 거둔 오스트리아–헝가리의 알브레히트 대공과 파리에서 밀담을 가져 향후 프로이센과의 전쟁에서 군사적 협력을 거론했고, 5월에는 프랑스 장군 르브룅(Le Brun)을 빈으로 파견하여 동맹 문제를 재론토록 했다.

6월 14일 오스트리아–헝가리 황제 프란츠 요제프 1세는 그라몽에게 프랑스가 프로이센과 함께한 남부독일을 독일의 적이 아닌 해방자로 받아들인다면, 양국 간의 동맹이 유효할 것이라는 일종의 조건부 승낙을 했다. 오스트리아–헝가리의 외무장관 보이스트는 프로이센에 대한 정확한 정보를 확보하지 못했기 때문에 프랑스와의 동맹을 조심스러워했고, 전쟁 발발 직전까지 자국은 매우 신중하게 행동해야 한다는 것을 인지하고 있었다.[16] 그런데도 그라몽은 오스트리아–헝가리에 대해서는 염려할 필요가 없다고 판단했는데 그것은 7월 8일 개최된 장관 회의에서 언급한 것들에서 확인할 수 있다.

오스트리아–헝가리와는 달리 이탈리아는 프랑스 파견대가 로마에 주둔하는 한 군대를 파견할 수 없다고 주장했다. 나폴레옹 3세는 이러한 이

---

[16] 오스트리아–헝가리는 프로이센군과 그 동맹국 군대가 프랑스군과의 첫 번째 전투에서 패배한다면, 프랑스의 동맹국으로 전쟁에 참여한다는 계획을 세웠다. 이에 따라 나폴레옹 3세는 전쟁 초기 우위를 차지하기 위해 즉흥적인 계획도 세웠는데 그것에 따르면 프랑스 주력군에 부담을 덜어주기 위해 동해안에서 수륙 양용 작전을 펼치고, 남부독일 내륙도 급습한다는 것이다. 그렇지만 이러한 구상은 프랑스군을 분열시키는 상황만 초래했다.

프랑스-프로이센 전쟁

탈리아의 비우호적인 자세를 바꾸기 위해 이탈리아 국왕 에마누엘레 2세와의 면담도 추진했다. 그뿐만 아니라 이탈리아 주재 자국 대사를 통해 지난해에 약속한 이탈리아-프랑스 동맹의 이행을 전달받고, 프랑스 수비대를 로마에서 철수한다는 발표도 했다. 이에 에마누엘레 2세는 로마 교황청의 독립을 약속했다. 그러나 나폴레옹 3세는 이탈리아 국왕이 자신의 발언을 실행에 옮기는 데 필요한 내각의 협조를 얻어낼 수 없다는 것을 알게 되었다. 전쟁을 앞두고 국가들 사이에서 외교적 협상이 오가는 마지막 단계에서 그동안 유럽 평화를 유지하기 위해 노력한 이탈리아 외무장관 비스콘티-베노스타(Emilio Visconti-Venosta)가 중립을 주장하고 나섰기 때문이다.

공식적인 선전포고 이후 독일군과 프랑스군의 이동이 본격화되었다. 전쟁이 시작되었을 때, 나폴레옹 3세는 40만 대군을 프로이센과 프랑스 국경으로 이동시켜 선제공격으로 기선을 제압하려고 했다. 그러나 선전포고한 지 보름이 지나도록 집결한 프랑스군은 20만 명도 되지 못했다. 중형 대포의 탄환도 부족했고, 병사 여러 명이 소총 하나를 공동으로 사용해야 하는 무기 부족 현상마저 나타났다. 이는 총기 탄창이 전국에 흩어져 있었기 때문이었다. 8월 2일이 되어서야 프랑스군은 프로이센 국경 지대를 향해 공격을 개시했다. 그러나 이때 프로이센군은 발달한 철도망으로 군대를 신속하게 이동시켜 팔츠에서 이미 전열을 갖추고 프랑스군의 공격을 기다리고 있었다.[17]

프로이센군과 바이에른군은 합세한 후 프랑스군을 상대로 8월 4일 바

---

17 46만 명에 달하는 프로이센군과 연합군, 17만 마리의 말, 그리고 1,600문의 대포 이송을 위해 약 1,500대의 열차가 마련되었다.

스당 전투가 끝나자, 비스마르크는 포로가 된 나폴레옹 3세를 찾아갔다.

이센부르크(Weissenburg)에서, 그리고 6일과 8일에 베르트(Wörth)와 자르뷔르켄(Saarbrücken)에서 가까운 스피헤렌(Spicheren)에서 연승을 거뒀다. 몰트케 장군이 이끄는 40만 명의 프로이센-바이에른 연합군은 국경 지대에서 프랑스군을 격파하고, 승세를 몰아 프랑스 로렌 지방을 공격했다. 8월 6일, 양측은 메스(Metz) 서쪽의 마르스라투르(Mars La Tour)에서 전투를 벌였고 바젠(Francois Achille Bazaine) 원수가 이끄는 프랑스군은 또 패배했다.[18]

1870년 9월 1일 벨기에와 국경을 접하는 프랑스 동북부의 작은 마을 스당(Seden)에서 벌어진 전투는 전쟁의 승패를 가른 중요한 전투였다. 이 전투에서의 승리는 프로이센 군부의 탁월한 지휘와 참모 제도의 승리를 의미했으며, 세력 균형이 베를린으로 기울어졌다는 명백한 징표가 되었다. 이때 나폴레옹 3세와 마크마옹(Patrice Maurice de MacMahon) 장군이 지휘하는 12만의 프랑스군은 25만의 프로이센-바이에른 연합군에 포위되는 상황에 처했다. 나폴레옹 3세는 곧 시작될 전투가 승리로 빛났던 예나 전투가 아닌 처절하게 패한 워털루 전투가 되리라는 것을 인지했다. 실제로 전투에서 프랑스군은 대패했고, 황제와 전투를 지휘한 원수, 39명의 장군, 2,400명의 장교는 8만 3천 명의 병사와 함께 포로가 되었다.[19]

나폴레옹 3세가 체포되었다는 소식을 접한 비스마르크는 스당을 향해 떠났다. 다음 날 아침 비스마르크와 나폴레옹 3세는 한 직공의 조그마한

---

[18] 전쟁이 끝난 후 바젠은 1873년 10월부터 약 2개월간 진행된 군법회의에서 금고형을 선고받았다.
[19] 비스마르크의 두 아들, 즉 헤르베르트와 빌헬름도 프랑스와의 전쟁에 참가했다. 마르스라투르 전투가 시작되고 한 시간쯤 지나 헤르베르트가 부상을 당했고 빌헬름의 말이 총에 맞았다는 소식을 전해 들은 비스마르크의 불안감은 가중되었다. 두 아들에 대한 걱정에다가 그들을 염려하는 요한나까지 안심시키려고 거의 매일 아내에게 전보를 보내지 않으면 안 될 정도였다.

항복 조건을 협상하는 비스마르크와 나폴레옹 3세.

집 거실에서 서로를 마주했다. 의자에 45분가량 나란히 앉은 이들은 항복 조건에 대해 협상하기 시작했다. 나폴레옹 3세는 비스마르크에게 빌헬름 1세와 독대하겠다는 의사를 밝혔지만, 비스마르크는 항복 협상이 종료된 후나 가능하다고 답변했다. 스당에서 나폴레옹 3세와 회담하면서 비스마르크가 보인 공손한 태도에 독일 언론은 불만을 표시했다. 그러나 비스마르크는 "정치는 어떤 일이 발생한 것에 대한 복수가 아니라 다시는 그런 일이 일어나지 않게끔 하는 것이다"라는 교훈적 발언으로 대응했다.[20]

스당 전투에서 프랑스가 패배한 지 얼마 안 된 9월 4일 파리에서 소요가 발생했다. 섭정을 맡았던 황후 외제니 드 몬티조는 권좌에서 쫓겨나 피신해야 했고, 임시정부가 바로 구성되었다.[21] 임시정부는 9월 4일 공화정 체제를 선포한 후 사태 수습에 나섰지만, 9월 19일 파리마저 완전히 함락당하는 위기에 처하게 되었다.[22] 이에 야당 세력 주도로 국민 방위 정부가 구성되었고 이 정부는 프로이센 상대로 전쟁을 계속하려고 했다. 따라서 프랑스와의 전쟁은 몰트케와 비스마르크의 기대와는 달리 1871년 1월까지 지속되었다.

---

20 비스마르크와 독대를 끝낸 나폴레옹 3세는 카셀에 있는 빌헬름스회에(Wilhelmshöhe)성에 감금되었다. 감금 상태에서 풀려난 나폴레옹 3세는 1871년 3월 영국으로 망명했고 거기서 1873년 1월 생을 마감했다.
21 에스파냐 그라나다 출신인 외제니 드 몬티조는 1853년 나폴레옹 3세와 결혼했고, 나폴레옹 3세 재위 후반기부터 정치적 영향력도 행사했다.
22 임시정부의 외무부 장관 파브르(Jules Favre)는 9월 6일 영토의 1센티미터 또는 요새의 돌 하나도 독일에 빼앗기지 않을 것이라고 발언했다. 이후 열린 비스마르크와 파브르의 독대에서 비스마르크는 슈트라스부르크와 메스를 요구했지만, 파브르는 양 도시 모두를 포기하지 않겠다는 태도를 밝혔다.

프랑스의 비정규군 프랑-티퇴르. 프랑스-프로이센 전쟁 때 보주 지방의 농민들이 총격전을 벌이고 있다.

프로이센이 알자스-로렌 지방을 합병한다는 사실을 인지한 프랑스 임시정부는 한 치의 땅도 프로이센에 넘겨줄 수 없다는 각오로 항전하려 했다. 이에 비스마르크는 알자스-로렌 반환을 요구하는 대대적인 운동 전개를 독일 자유주의 언론에 위임했다. 비스마르크의 의중에서 더 큰 관심사는 민족적 차원의 고려보다는 전략적 차원의 고려였다. 즉 스트라스부르가 프랑스 쪽에 남아 있는 한 남부독일이 프랑스 침략자들의 처분에 내맡겨질 것이기 때문이었다. 물론 비스마르크는 프랑스가 양 지역 상실에 매우 분개할 것임을 잘 알고 있었다. 그러나 그는 프랑스의 비정규 게릴라 부대가 독일군을 공격한 후 독일군이 인질을 잡고 마을 소각으로 대응하는 등 점점 더 과격해지는 전쟁 원인을 양 민족 사이의 지속적인 적대감에서 비롯된 것이라고 믿었다.

실제로 독일과 프랑스 사이의 전쟁에서 정규군만이 싸운 것은 아니었다. 프랑스 측에서는 민간인들도 전투에 적극적으로 참여했다. 이렇게 전투에 참여한 민간인들의 대다수는 소위 '프랑-티퇴르(Franc-tireurs)'라 불리는 게릴라 단체에 가입했다. 나폴레옹 3세의 제국 정부조차도 게릴라 단체를 이익보호단체로 간주했고, 그것의 활성화에 도움 되는 방법도 모색했다. 독일 점령군의 숙영과 과도한 식량 배급 요구에 분노한 다른 프랑스인들도 곧 게릴라 단체에 합류했다. 독일군들이 점령한 프랑스 영토에서 이들은 첫째, 적군의 보급을 방해하고 둘째, 적군의 사기에 영향을 주기 위한 행동 수행에 주력했다. 주로 소규모 분견대, 초소, 택배처리소가 공격받았지만, 철도, 전선, 그리고 교량도 공격 대상이었다. 그러나 군사적 효과는 매우 제한적이었는데, 그것은 단지 1,000여 명의 독일군만이 이 게릴라들과의 충돌에서 희생되었기 때문이다. 당시 독일군 장교와 병사들은 무장한 민간인들을 전투원이나 합법적인 전투원으로 간주하지 않았다. 사실, 1864년 제1차 제네바 협약(Die erste Genfer Konvention)이 본질적으로 부상 병사 보호에 국한되었기 때문에 프랑-티뢰르의 법적 지위는 거의 규제되지 않았다. 이러한 허점은 양측에서 비인간적인 심각한 방법을 모색하게 했다. 전투에 제복을 입지 않은 게릴라 부대 참여로 인질을 인간 방패로 오용하고, 반항적인 민간인 처형 등이 자행되었다. 이러한 전쟁의 무질서와 거기서 파생된 악행은 이후 수십 년 동안 제네바 협약의 개정 내지는 확대를 요구했다.

1870년 10월 1일 스당 근처에서 벌어진 전투에서 프랑-티뢰르가 주도적 임무를 수행했고 그 과정에서 적지 않은 독일군이 희생되었다. 같은 날 격분한 바이에른군은 마을 주민 30여 명을 처형하고, 마을을 잿더미로 만들었다. 또한 젠덴(v. Senden) 장군이 1870년 12월 발표한 포고령에는 우선 정규군이나 기동경비대에 속하지 않고 게릴라 또는 다른 이름으로 무기를 소지한 것이 발각되거나 독일군에 대한 적대행위가 적발되는 순간 반역자로 간주하여 재판 절차 없이 교수형에 처하거나 총살한다는 것이 명시되었다. 이어 게릴라들에게 피난처를 제공하고 그것이 독일군 공격에 활용된다면, 즉 게릴라에 직접적 또는 간접적으로 협조한 모든 집이나 마을은 소각하거나 포격을 받게 되리라는 것도 언급되었다.

프랑-티뢰르에 대한 두려움은 전쟁이 종료된 이후에도 오랫동안 군 지도부에 남아 있었다. 독일의 지식인들은 프랑스와 독일 사이의 전쟁을 정부 사이의 전쟁이 아닌 20세기 전면전에 이르는 한 단계로서의 민족적 투쟁으로 간주했다. 그리고 이것은 비스마르크에게까지 영향을 주어 적에 대해 가장 가혹한 조치를 주장함으로써 그의 본성 중에서 잔인한 면까지 드러나게 했다.

한편 비스마르크와 몰트케가 이끄는 장군들 사이에는 큰 불화가 있었는데, 그것은 군사 문제에 민간이 관여하는 것을 장군들이 싫어했기 때문이다. 실제로 장군들은 1866년의 형제전쟁 경험을 토대로 군작전에 정치가가 간섭 내지는 개입하는 것을 배제하려고 했고, 전쟁이 일종의 정치적 연속이라는 클라우제비츠(Carl Phillip Gottlieb v. Clausewitz)의 교훈을 일방적 시각으로 간주했으며, 결코 정치가의 개입을 클라우제비츠의 의미로 해석하지도 않았다.

비스마르크와 몰트케 사이의 알력이 심화함에 따라 종전을 앞두고 민감한 사안들이 제때 수상에게 보고되지 않는 상황까지 초래되었다. 비스마르크는 정치적으로 책임지는 지도자로서 군 수뇌부로부터 작전 보고를 직접 듣지도 못하고, 그것도 언론을 통해 심지어 5일이 지나서야 전해 들어야 하는 사실에 격노했다. 11월과 12월, 파리에서 열린 최고국방회의에서 비스마르크에 대한 몰트케의 반감은 최절정에 이르렀고 이것 때문에 비스마르크는 곤욕을 치러야만 했다.

몰트케의 지시로 참모부는 소위 "배고픈 자가 스스로 항복하게 하는 것이 훨씬 간단하다"라는 판단하에 파리를 포위한 뒤 공격하기를 원했다. 하지만 비스마르크는 그러한 방법을 활용하기 위해서는 독일 군사력을 더욱 강화해야 하며, 또한 감베타(Léon Gambata)에게 프랑스 남부와 서부에서 새로운 군대를 모을 기회도 주는 것으로 판단하여 즉각적인 군사 대응을 요구했다. 아울러 그는 몰트케의 요구도 수락하지 않았다.[23] 이에 비스마르크와 대립하던 몰트케의 프로이센군은 파리를 포위한 후 공격

---

23 비스마르크는 자신이 지향한 조속한 전쟁 종결을 위해 3주 동안 7,000발에 달하는 포탄을 파리에 떨어트렸다. 그리고 당시 비스마르크와 협상을 모색하던 감바타는 임시정부에서 내무장관뿐만 아니라 국방 및 재무장관직도 수행했다.

프랑스 프로이센 전쟁 과정에서 독일군은 성능이 우세한 야포를 효율적으로 활용했다.

에 나서는 방법을 고수했다.

1870년 9월 19일부터 본격화된 포위 작전으로 240만 명의 파리 시민은 식량 공급을 받지 못해 굶주림에 지쳐 항복해야 하는 상황이 되었다. 실제로 당시 파리 시민들은 동물원의 동물 대부분을 먹은 다음 그들의 말, 고양이, 심지어 쥐까지 먹어야 하는 상황에 놓이게 되었고 그것으로 인해 매주 1,000명 이상이 굶주림으로 목숨을 잃었다. 그뿐만 아니라 장티푸스, 이질, 그리고 천연두와 같은 전염병 및 추위로 파리 시민들의 삶은 더욱 어려워졌다. 당시 이들은 풍선, 비둘기, 그리고 쇠구슬로 포장한 편지를 센강에 띄워 보내는 것 등으로 바깥세상과 소통했다.

포위된 파리를 구출하기 위해 새로이 출범한 세 개의 프랑스 군단, 즉 루아르(Loire)군, 브장송(Besançon) 주변의 동부군, 루앙(Rouen) 주변의 북부군은 군사적 행동을 본격적으로 벌이기 시작했다. 이에 몰트케는 여러 전선에서 방어전을 치러야 했는데, 특히 오를레앙 주변 지역에서 프랑스군과 독일군 사이의 전투는 격렬했다. 1870년 10월 10일 파리에서 철수한 바이에른군은 아르테네(Artenay) 전투에서 프랑스군을 격파했고, 오를레앙은 다음 날 독일군에 의해 점령당했다. 그러나 수적으로 열세였던 독일군은 11월 9일 쿨미에(Coulmiers) 전투에서 팔라딘(Paladines) 장군이 이끄는 루아르군에게 패배하고 프랑스군은 오를레앙을 다시 장악했다. 이로부터 한 달 후, 즉 12월 3일 독일군 증원 부대가 메스에서 철수한 제2군과 함께 이 지역에 도착하여 루아르군을 섬멸했다.

1871년 1월 10일부터 12일까지 르망에서 벌인 전투에서 프랑스군이 완전히 패배함에 따라 파리가 해방될 가능성 역시 거의 사라졌다. 다른 지역에서 전개한 프랑스군의 군사작전도 파리 포위망에 접근할 수 없었다. 1870년 11월 중순, 몰트케는 만토이펠(Edwin v. Manteuffel)이 지휘하는 제1군을 솜므(Somme)강 북쪽 지역으로 파견했다. 독일 제1군은 서서히 전투 능력을 갖추기 시작한 프랑스 북부군에 대항하여 행동에 나설 예정이었다. 프랑스 북부군과 만토이펠의 독일군 사이의 첫 교전은 아미앵(Amiens)에서 벌어졌고 프랑스군은 패배했다.

프랑스군과의 교전 과정에서 독일군은 성능이 우세한 야포를 효율적으로 활용했다. 이후 독일군은 루앙으로 진격하여 1870년 12월 5일 도시를 점령했다. 그러나 르아브르(Le Havre)로의 진격은 북부군 총사령관이었던 데르브가 함(Ham) 요새를 점령하면서 실패했다. 이로써 프랑스군은 랭스(Reims)에서 아미앵으로 가는 철도 통제권을 잠시 되찾았고, 루앙으로 향하는 만토이펠군의 보급로를 차단했다. 그러나 아미앵 근처 솜므강 지류에서 가까운 할뤼(Hallue) 전투와 생캉탱(Saint Quentin) 전투에서 만토이펠군이 승리하면서 결국 프랑스 북부군은 파리에서 더 멀리 물러나게 되었다.

비스마르크는 전쟁이 오래 지속될수록 강대국들의 개입 가능성이 커질 뿐이라고 생각하여 전쟁이 지연되는 데 조바심을 내고 있었다. 따라서 그는 군부에 맞서 자신의 의지를 관철하려고 했다. 이로부터 얼마 안 된 시점, 프랑스에 대해 철저한 타격을 가하고자 했던 비스마르크는 강화 제의를 거부하고 1871년 1월 29일 파리를 함락했다.

이에 앞서 파리를 포위하고 있던 독일군은 1월 5일부터 72문의 120밀리와 150밀리 대포로 파리를 포격하기 시작했고 그 과정에서 매일 300발에서 600발의 포탄이 도시 중심부에 떨어지는 등 막대한 피해도 발생했다. 결국 이러한 위기 상황에서 프랑스의 제정 체제는 붕괴했고, 제3공화정 체제가 출범하는 급박한 상황이 초래되었다. 실제로 프랑스에서는 1871년 1월 말 국민의회 선거를 시행해야 한다는 여론이 비등했고 그것에 따라 2월 8일 국민의회 선거도 치러졌다. 선거인단은 대부분 농촌 지역 출신, 가톨릭 신자, 그리고 보수주의자들로 구성되었으며, 이것은 선거에 적지 않은 영향을 끼쳤다.

2월 보르도에 모인 645명의 의원 중 약 400명은 샤를 10세(Charles X: 1824~1830)의 손자인 샹보리(Chambord) 백작 앙리(Henri)나 루이 필리프(Louis Philippe)의 손자인 파리 백작 필리프 왕자가 지향한 입헌군주제를 지지했다. 2월 17일, 국민의회는 74세의 티에르(Adolphr Thiers)를 제3공화국의 행정수반으로 선출했는데, 프랑스에 평화를 가져오고 정치 및 사회적 질서 역시 회복시킬 수 있는 인물로 간주되었다. 실제로 티에르는 평화가 필요하다는 것을 의회에서 강조했고 당시 베르사유에서 기다리던 비스마르크와 빌헬름 1세도 만나는 등의 적극성을 보였다. 티에르의 적극적인 활동으로 독일과 프랑스 사이의 전쟁 종식이 구체적으로 논의되었고, 2월 24일 양국 간의 평화협상 역시 체결되었다.[24]

비스마르크는 프랑스 신정부와의 평화협상을 다른 강대국들의 방해 없이 마무리했다. 당시 유럽 강대국들은 프랑스가 패배한 이후 비스마르크가 주도하던 평화협상에 개입하지 않으려고 했다. 러시아는 프랑스의 패배로 근동에서 비교적 자유로운 외교 정책을 전개할 수 있게 되었고, 영국 역시 더는 벨기에 문제로 걱정하지 않아도 되었다. 이탈리아는 9월 20일 로마를 점령하고 독일을 그들의 방어자로 간주했다. 오스트리아-헝가리는 프랑스가 프로이센이 주도하던 독일연합군과의 전투에서 승리한다면, 전쟁에 참여하겠다는 의사를 밝혔지만, 프랑스의 연이은 패배로

---

[24] 1866년 프로이센 지원으로 통일을 실현한 이탈리아는 또다시 독일의 승리로 로마를 되찾았으며, 로마는 곧 통합 이탈리아의 수도로 결정되었다.

전쟁 참여를 포기했다.

프랑스에 대한 승리로 알자스와 로렌 지방의 일부는 제국령 엘자스, 로트링겐으로 통합되었으며, 새로 건국된 독일제국에 양도되었다. 스당 이후 이것이 전리품이라는 사실에 독일의 공식적 견해도 대체로 일치했다. 비스마르크도 이러한 요구를 빨리 수용했지만, 공식적 견해와는 달리 옛 독일제국으로의 조속한 합병을 주장하지 않았는데 그것은 당시 그가 알자스와 로렌 지방의 합병을 전략적 관점에서 수행한 데서 비롯되었다. 이렇게 해야만 남부독일이 프랑스의 재공격으로부터 안전할 수 있다는 것이, 비스마르크의 판단이었다.

비스마르크는 프랑스와의 협상에서 패전국인 프랑스가 기분 상하지 않게끔 배려했다. 그러나 알자스-로렌 양도가 1871년 이후 독일과 프랑스 사이의 대립을 피할 수 없게 했다는 견해도 부각했다. 이렇게 독일에 강제로 빼앗긴 알자스-로렌 지방에는 약 160만 명의 프랑스인이 거주하고 있었는데, 이들 중에서 약 50,000명이 프랑스 국적을 유지하기 위해 고향을 떠났다.[25]

1871년 5월 10일 비스마르크는 프랑크푸르트에서 프랑스와 알자스-로렌의 할양 및 50억 프랑의 배상금을 지급한다는 조약을 체결하고 전쟁을 종결시켰다. 또한 조약에서는 프랑스의 국경선이 벨포르(Belfort) 성곽까지 확장되었고, 그 대신 로렌 철광산 지역 일부는 독일에 편입되었다. 비스마르크는 프랑스와의 평화협상에서 메스 점유를 포기하려 했는

---

25 이러한 영토 양도가 없었더라면 프랑스인들은 그렇게 비통해하지 않았을 것이라는 데 비스마르크도 동의했다. 그러나 그는 프랑스인이 전쟁에서 영토 상실 없이 벗어난다고 하더라도 그들의 상심은 영토 상실 때의 그것과 거의 같았을 것이라고 말했다.

데 그것은 독일제국에 남기를 바라지 않던 프랑스인들이 이 도시에 너무 많다는 것을 파악했기 때문이다. 그러나 몰트케를 비롯한 대다수 장군이 비스마르크의 계획에 동의하지 않았고 빌헬름 1세 역시 이들의 관점에 동조했기 때문에 비스마르크의 메스 포기 구상은 좌절되었다. 그렇지만 비스마르크는 프랑스에 부과하는 전쟁배상금을 60억 프랑에서 50억 프랑으로 낮출 수 있었다.

    전쟁에서 패한 프랑스는 모든 면에서 어려움을 겪게 되었다. 수십만 명의 사상자와 부상자를 냈고, 이전 철광석 공급 지역의 상당수를 잃었으며, 알자스-로렌의 할양으로 200만 명의 주민도 잃었다. 동부 프랑스의 경우 전쟁이 끝났다고 해서 즉시 정상으로 돌아가는 것도 아니었다. 베르사유 조약 이전 조약에서 합의한 대로, 독일 점령군은 배상이 종료될 때까지 19개 지역에 주둔했다.

제5장

독일제국의 탄생

독일제국의 탄생

1. 독일제국의 준비 과정

프랑스와의 전쟁에서 승리가 가시화함에 따라 비스마르크는 남부 국가들과의 화합을 모색했으나 순탄치 않았다. 전쟁에서 고군분투한 그들이었지만, 새로 마주한 자리에서 그들 각자 서로 다른 목적에다 적대감마저 지녔기 때문이다. 한층 강력해진 독일에서 남부의 대표 격인 바이에른은 단결력과 조직력을 바탕으로 북독일연방을 해체하고 예전의 독일연방으로 환원하여 회원국들이 좀 더 강한 독립성을 보장받는 기존의 관점을 고수했다. 의견이 분분해짐에 따라 결국 남부독일 국가들의 북독일연방 가입과 관련된 협상 문제는 베르사유에서 개최되는 군주 회의로 연기할 수밖에 없었다. 그러나 새로운 항목의 추가나 수정 정도는 용납하되, 그 누구도 북독일연방의 기본 구조 자체를 흔들 수 없다는 기본 방침을 제시한 비스마르크로서는 더는 지켜볼 상황이 아니었기에 바이에른과 직접 담판에 들어가기로 했다. 알프스로 피해 있던 루트비히 2세를 끌어내는 데 실패하자, 그 후속책으로 북독일연방 제국의회를 신속히 소집함으로써 바이에른이 소외감을 느끼도록 자극했다. 결국 빈손으로 돌아가지 않으려던 바이에른 외무장관 브라이-슈타인부르크가 독일연방에 대한 이상을 버리고 최선의 조건에 가입하기로 마음을 바꿈에 따라 1870년 11월 23일 바이에른과의 조약이 체결되었다.[1]

비스마르크는 독일과 유럽에 자신이 노력한 결실을 알리는 데 주력했고 모든 수단을 동원하여 바이에른 측의 자발성도 부각하려 했다. 그러나 그 직전 뷔르템베르크의 미트나흐트(Hermann Freiherr v. Mittnacht)가 거부반응을 보이면서 다시 예상치 못한 난관에 부딪혔다. 이에 따라 뷔르템베르크 국왕 카를 1세와의 협상 또한 불가피해졌다. 뷔르템베르크는 어떤 상황에서도 바이에른보다 큰 양보를 바라지 않는다는 조건으로 북독일연방에 가입하면서 가까스로 사태가 해결되었다. 뮌헨과 슈투트가르트 간의 경쟁심을 끝으로 비스마르크의 전략은 그 결실을 다시 눈앞에 두었다.

프로이센이 주도하던 북독일연방 체제하에서 독일제국 창건 역시 머지않은 만큼 남부독일과의 협약 체결에서 마지막까지 신중하던 비스마르크의 태도에는 그 어떠한 것에도 양보하지 않겠다는 비장함까지 엿보였다. 이런 모습은 만약 남부의 두 군주국 때문에 사태가 틀어진다면 당장이라도 민중에 의한 소요 사태 등 어떠한 폭력 행위라도 끌어들일 태

---

[1] 루트비히 2세는 바이에른 왕국의 독립성을 강조했고 그에 어긋나는 어떠한 정책에도 동조하지 않으려고 했다. 이에 비스마르크는 루트비히 2세의 낭만적 감정을 부추겼는데, 그 과정에서 자신이 비텔스바흐 가문의 봉신이었던 시기까지 상기시켰다. 후에 비스마르크는 그러한 바보짓이 바이에른 국왕의 마음을 돌려놓는 결정적 계기가 되었다고 했다.

세였다.

　마침내 11월 15일 바덴과 헤센, 23일 바이에른, 그리고 25일 뷔르템베르크와 차례로 조약을 체결함으로써 비스마르크는 모든 협상을 타결했다. 그 결과 회원국들의 권한은 증대되었다. 연방 내 국가들 모두 동등하다는 기본 원칙이 적용됨은 물론 바덴, 바이에른, 뷔르템베르크에는 특별 권한까지 주어졌다. 특히 북독일연방의회 권한이 강화되어 외부 세력의 공격을 받지 않는 상태에서 선전 포고를 할 경우, 연방의회의 동의는 필수였고, 더욱이 반대하는 국가에 대항하여 최고사령관이 집행권을 수행할 때도 연방의회 승인이 불가피해졌다. 또 황제의 감독권이 제한되어 제국법을 적용할 때 연방의회의 승인이 반드시 요구되었다. 그리고 법을 개정할 경우, 연방의회 의원 3분의 2의 동의가 필요했던 예전의 규칙과 달리 14표의 반대로도 수정 요구를 저지할 수 있도록 했다. 이것은 바이에른-뷔르템베르크-작센, 또는 바이에른-뷔르템베르크-바덴-헤센, 또는 다른 여러 군소국의 결합 등 어떤 경우의 거부권도 예방하려는 방책이었다.

　그러나 그러한 변경에는 문제점 또한 공존했다. 연방 활성화를 위해 일부 남부 국가들, 특히 바이에른, 바덴, 뷔르템베르크에 부여한 특별 권한이 회원국 모두가 동등하다는 기본 원칙과 얼마나 조화를 이룰지가 과제였기 때문이다. 예를 들면, 우편과 철도 관리, 바티칸에 대사 파견, 수익성 높은 포도주와 화주에 대한 독자적 과세 등 많은 특권을 누리게 된 바이에른의 경우만 하더라도 비스마르크의 재량에 따라 연방의회의 의장직을 차지할 수 있었다. 게다가 군사적 문제를 위한 연방의회 위원회의 발언권과 함께 작센이나 뷔르템베르크가 차지하려던 신설 외교위원회의 의장직까지 맡을 정도로 특별대우를 받았다. 외교위원회도 마찬가지였는데, 그것은 비스마르크가 주도하던 외교 문제에 지금까지 어떠한 국가도 주요한 임무를 수행하지 않았기 때문이다. 외교 업무는 제국을 대표하던 비스마르크의 손을 거쳐 일괄 처리되었기 때문에 사실상 바이에른으로서도 권한을 발휘할 기회조차 얻기 힘들었다. 비스마르크 역시 처음부터 그 위원회를 거칠 생각이 없었기 때문에 바이에른의 특별권 행사에서 비롯된 어려움 역시 있을 수 없었고, 따라서 그런 위원회는 일종의 장식 기구에 불과했다.

군사조약도 뷔르템베르크와 바이에른에 특별 권한이 주어졌지만 크게 다르지 않았다. 뷔르템베르크 군주에게는 군복과 계급장을 결정할 권한과 자국 경계에 다른 나라 군대가 주둔하면 그 승인 여부를 독자적으로 결정할 권한이 부여되었다. 더 큰 자격이 주어진 바이에른은 독일군 내에서 독립적 부대를 구성할 수 있는 권한을 가지게 되었다. 그러나 문제는 전쟁 상황에서 두 국가의 군대 통수권은 제국 황제인 빌헬름 1세에게 이양된다는 점이다. 이처럼 바이에른 등 몇 나라에 특별 권한을 주긴 했지만, 명목상에 그칠 뿐 실제로는 별다른 의미가 없었다. 여러 가지 모순과 한계에도 불구하고 남부 국가들이 명분을 얻었다면, 비스마르크는 실리를 챙긴 셈이었다.

비스마르크는 순탄치 않은 과정에도 불구하고 결국 자신의 의지대로 모든 상황을 처리했다. 물론 진정한 의미나 자율성과는 거리가 있었지만, 북부독일을 위해 구상해온 통치 체제가 시간을 두고 큰 수정이나 강압적 조치 없이 남부독일 국가들에게 수용된 것은 대단한 성과였다. 협상에서 보여준 대로 그들을 정복이나 극복의 대상으로 여기지 않고, 그들과의 공존을 위해 끈질기게 노력한 대가이기도 했다. 왕세자나 국왕은 온건하게 비친 그의 태도를 염려했지만, 연방의 미래 발전을 위해 자유

의사로 남부를 가입시키려던 흐름에는 전혀 흔들림이 없었다. 이로써 의회주의와 제도적으로 균형을 갖추려는 남부 국가들과 함께 프로이센을 중심으로 한 중앙집권체제가 확립되었고, 독일제국의 토대 역시 확실히 마련되었다.

곳곳에서 "독일 통일이 실현되고, 제국이 탄생했다"는 말이 터져 나왔다. 통일의 고지를 눈앞에 두고 남부독일과 지루한 협상이 마무리되던 그 순간, 비스마르크에게는 또 다른 난관이 닥쳤다. 즉 새로이 건국되는 독일연방의 의장으로서 빌헬름 1세가 황제 칭호를 수용해야 한다는 사안이 채택되는 과정에서 심기가 불편해진 국왕과 비스마르크 사이에 미묘한 감정 대립이 발생했기 때문이다. 빌헬름 1세는 정당성이라는 차원에서 제후 중에서 우두머리에게 주어지는 황제 칭호(Kaiser von Deutschland)를 매우 기쁘게 받아들였다. 그러나 이 인물은 북독일에서의 프로이센 주도권이 독일제국으로 팽창되고 연방 의장이 독일 황제(Kaiser der Deutschen)로 대체되는 과정에서 전통적 프로이센주의가 손상을 입을 수 있다는 우려에서 불쾌감도 표시했다. 그런데도 비스마르크는 자신의 관점을 관철하려고 했는데, 그것은 "나는 어떤 것이 더 좋을지 모르겠다(Nescio quid mihi magis farcimentum esset)"는 견해를 피력하면서였다.

12월 9일 황제 명칭 문제에 깊이 관여한 북독일 제국의회가 심손[2]을 단장으로 한 대표단을 베르사유로 파견한다는 소식을 들은 빌헬름 1세의 분노는 더욱 심화되었다. 심손은 1848년 혁명 후 소독일주의적 민족

---

[2] 심손은 1833년에는 쾨니히스베르크대학에서 로마법을 강의했으며, 1834년부터 상급 주 법원 판사로도 활동했다. 1848년 5월 18일에 개원한 프랑크푸르트 의회 의원으로 활동하다가, 같은 해 12월 18일 프랑크푸르트 의회 의장으로 선출되기도 했다. 1850년에는 에르푸르트 연합의회 의장이 되었다.

국가를 염원하여 프랑크푸르트 국민의회의 이름으로 프리드리히 빌헬름 4세가 황제에 오르기를 간청한 인물이었다. 그러나 전 세계에 호엔촐레른 가문의 권력 신장을 분명히 하기 위해 독일 황제라는 명칭을 널리 알리기 원했던 빌헬름 1세는 북독일이 앞장서는 등 지금까지의 정황상 황제가 특별한 권리나 영향력을 발휘하는 직책이라기보다는 단순한 명칭에 불과한 것으로 비치는 데 불만을 표시했다. 끝내 그는 독일 제후들로부터 직접 황제 칭호를 받지 않는 한 수상이든 대표단이든 누구와도 대면하지 않겠다는 자세를 보였다.

그러나 비스마르크의 생각은 달랐다. 그는 헌법에 이미 황제와 제국이 규정되어 있듯 연방 대표에게 당연히 황제 칭호가 부여되는 것으로 받아들였고, '제국'이라는 개념에도 특별한 의미를 두지 않았다. 역사적 비교를 중요시하던 중세적 전통 따위는 생각지도 않던 그로서는 형식적인 면 역시 관심 밖의 문제로 간주했다. 따라서 '황제'라는 칭호는 다른 제후국들에 대해 연방 의장을 구별하는 상징으로만 인식했다.

2. 독일제국의 탄생

1871년 1월 18일 베르사유 궁전 본관의 '거울의 홀'에서 호화스러운 행사가 개최되었다. 거울의 홀은 베르사유궁에서 가장 큰 홀 중의 하나로 길이는 73미터이지만, 너비는 10.5미터에 불과했다. 북독일연방과 남부독일 국가에서 온 병사들은 창가 쪽에 빼빽이 앉았고, 훈장을 달고, 왼손에는 칼자루를, 오른손에는 깃털 모자를 들고 승리의 기분에 휩싸인 장교들은 반대편 거울 앞에 서서 빌헬름 황제와 독일 제후들이 입장할 수 있게끔 비좁은 통로를 냈다. 독일 통치의 꽃이었던 이들은 북부독일의 세 자유도시에서 온 약간의 시의원 및 소수의 제국의회 의원과 함께 독일제국 선포식을 보기 위해 모여들었다.

고국에서 이렇게 멀리 떨어진 곳에서 독일 황제 즉위식을 거행한다는 것은 매우 지나친 생각이었다. 프랑스의 영광을 상징하는 건물을 이용하겠다는 것은 프랑스에게 상처를 입히고 모욕하려는 의도로 읽힐 수밖에 없었다. 그러나 즉위식을 베를린에서 거행했어도 마찬가지로 좋은 소리는 듣지 못했을 것이다. 그렇게 한다면 프로이센 왕정을 드러내는 셈이 되기 때문이다. 그리고 독일인에게 프로이센 국왕은 얼마 전까지만 해도 독일 황제의 선제후 중 한 명에 불과했다는 점을 상기시켰을 것이다. 프랑크푸르트는 신성로마제국 황제의 대관식이 이 도시의 고딕 성당에서 거행된 바와 같이 중세 제국과 너무 많이 결합해 있었다. 또한 이곳은 1848년이라는 '혁명의 해'의 고통스러운 사건들을 연상시켰다. 실제로 독일 전역에서 모든 왕위가 혁명 세력에 의해 흔들렸고 베를린, 바덴, 빈, 드레스덴, 팔츠에서는 내전이 전개되었다. 더구나 프랑크푸르트는 1866년 형제전쟁에서 오스트리아를 지지한 징벌로 불과 4년 전 자유도시의 지위마저 상실했다.

비스마르크는 정치 운영이나 예식에서 어떤 것도 우연에 내맡기지 않았다. 그런 만큼 프로이센의 빌헬름 1세가 의례를 갖춰 독일 황제로 즉위하는 것은 불가능했다. 국왕의 머리에 황제관을 씌울 수 있거나 씌우기를 원하는 사람은 없었다. 그렇다면 주교는 어떠할까? 국왕 자신이 전 영토에서 프로테스탄트 신자 위에 군림하는 최고의 주교였다. 빌헬름 1세는 나폴레옹 보나파르트가 1804년에 그랬던 것처럼 스스로 황제관을 쓰려고 하지 않았다. 이러한 것을 인지한 비스마르크는 사전 계획을 세웠

독일제국의 황제 즉위식이 열린 베르사유 궁전 거울의 홀

다. 그것에 따라 '거울의 홀'에서는 짧은 예배가 치러졌고, 빌헬름 1세 일행은 홀 끝에 설치된 단상으로 걸어갔다.

빌헬름 1세가 중앙에 자리 잡고 다른 제후들이 양옆에 도열했다. 비스마르크는 차분하고 단조로운 목소리로 독일제국 선포문을 낭독했다. 비스마르크의 계획대로 최고 연장자인 바덴 대공국의 프리드리히 대공이 앞으로 걸어나가 빌헬름 1세가 그동안 듣기 원했던 '독일 황제' 대신 "빌헬름 황제 만세"라고 소리쳤고, 사람들은 칼을 뽑았고 황제는 즉위했다.

빌헬름 1세는 바덴 대공에게 황제 즉위식에서 "독일 황제"라고 외칠 것을 요청했다. 그런데 비스마르크는 계단을 오르던 바덴 대공에게 하나의 절충안을 제시했는데, 이것이 바로 '빌헬름 황제'였다. 당시 비스마르크는 자신의 절충안에 누구도 불만을 가지지 않으리라고 판단했지만, 그것이 틀렸다는 것이 밝혀졌다. 빌헬름 1세는 바덴 대공이 외친 '빌헬름 황제'에 대해 크게 불만을 표시했고, 이는 황제 선언 이후 참가자들의 인사를 받는 자리에서 비스마르크를 완전히 무시하는 상황까지 초래했다. 물론 이런 냉랭한 분위기는 얼마 가지 않았다.

베르사유 궁전의 거울의 홀에서 거행된 황제 선언식에 참석하지 않아 오히려 시선을 끌었던 인물은 바이에른의 루트비히 2세였다. 비스마르크는 정신 불안과 동성애자라는 소문이 떠돌았던 루트비히 2세가 베르사유로 오는 수고를 하지 않았다는 점을 매우 기뻐했다. 어떻든 루트비히 2세는 비스마르크가 그에게 요구한 중요한 과제, 즉 비스마르크가 작성한 한 통의 편지를 프로이센 국왕에게 보내 황제로의 즉위 요청을 이미 수행했다. 당시 비스마르크는 루트비히 2세의 값비싼 열정 가운데 하나가 궁전 건축, 즉 당대 바이에른 의회나 재무부가 아니라 오늘날 관광객이 헤렌킴제(Herrenchiemsee), 호엔슈반슈타인(Hohenschwannstein), 린더호프(Lin-

독일제국의 탄생(1871). 프랑스의 베르사유 궁전에서 열린 독일제국의 대관식은 1885년 화가 베르너(Anton v. Werner)에 의해 재현되었다. 황제 빌헬름 1세를 중심으로 훗날 프리드리히 3세가 되는 황태자와 바덴 대공이 각각 그의 오른편과 왼편에 자리했고, 비스마르크는 황제 선언을 낭독하는 연단 앞에 자리 잡았다. 그리고 그의 좌우에는 참모총장 몰트케와 국방부 장관 룬이 위치했다.

derhof) 등을 관람할 때 많이 평가하는 그런 것이라는 점을 알고 있었다. 루트비히 2세의 서신에 대해 비스마르크가 제의한 대가는 400만 탈러였고, 원한다면 현금으로 지급하겠다는 것이었다. 그런데 이 자금은 퇴위당한 하노버 국왕의 재산에서 빼낸 비밀 기금, 즉 '벨펜 기금(Welfenfond)'에서 마련되었는데, 그는 바이에른 국왕과 마찬가지로 1866년 프로이센에 대항해 오스트리아를 지원했기 때문에 국외로 추방되었다.[3]

1871년부터 루트비히 2세는 매년 30만 마르크에 달하는 연금을 스스로 목숨을 끊은 1886년까지 '벨펜 기금'으로부터 받았다. 그런데 루트비히 2세를 대신하여 비스마르크와 협상한 바이에른의 기마대장 홀른슈타인(Max Graf v. Holnstein)은 루트비히에게 지급되던 연금의 10%를 챙겼는데, 무엇 때문이었는지는 확실히 밝혀지지 않고 있다.

비스마르크는 황제 대관식에 참여한 인물들, 특히 독일 군주들의 태도를 비판하는 데 주저하지 않았다. 이 시기 그의 건강 상태는 좋지 않았으며, 신경도 극도로 예민했다. 비스마르크는 독일 군주들이 꾸미는 간교한 술책에 분노했고, 이에 대해 요하나에게 보내는 서신에서 꾸밈없이 언급하기도 했다. 서신에서 비스마르크는 황제의 탄생이 '난산'이라고 했다. 이어 그는 그 과정에서 독일의 군주들은 지닐 수 없는 것을 요구하는 여인들처럼 놀라운 욕망도 표출했다고 했다. 아내에게 보내는 서신에서 비스마르크는 제국을 건국하는 산파로서, 여러 번 전체 건물을 폭파해버리고 싶은 심정도 가감 없이 언급했다.

이렇게 베르사유 궁전의 거울의 홀에서 탄생한 독일제국은 4개의 왕

---

3 벨페(Welfe)는 새끼 늑대를 의미하며, 하노버 문장을 상징한다. 벨펜 기금은 1866년 왕위를 빼앗기고 추방된 하노버 왕국의 게오르크 5세의 개인 자산을 지칭한다.

말년의 비스마르크(1886)

국, 5개의 대공국, 13개의 공국, 3개의 자유시 등 25개의 국가와 2개의 제국령(엘자스, 로트링겐)으로 구성된 연방국이었다. 그리고 프로이센 왕국 수도 베를린이 신생 독일제국의 수도로 정해졌는데, 당시 이 도시의 인구는 80만 명이었다.

황제 빌헬름 1세는 1871년 3월 21일, 독일 통합 계획을 수립하고, 실현한 비스마르크를 라이히스칸츨러(Reichskanzler)로 임명했다. '독일제국의 재상(약술하여 재상)'으로 번역되는 라이히스칸츨러는 국가를 통치할 때 제국의회에 대해 어떠한 책임도 지지 않을 만큼 막강한 권한을 부여받았다. 재상으로 임명된 지 일주일 만인 3월 28일 비스마르크는 빌헬름 1세로부터 후작위(Fürstenstand)도 받았다. 6월 말에는 황제로부터 후작위에 걸맞은 하사품, 즉 방대한 산림과 토지를 하사받았다. 비스마르크가 하사받은 프리드리히스루(Friedrichsruh)는 함부르크 근처 라우엔부르크 대공국에 있는 황제 직영지였는데, 이 직영지는 이미 신성로마제국의 카를(Karl) 대제와 하인리히 사자왕(Heinrich der Löwe)이 소유한 바 있었다. 비스마르크가 황제로부터 하사받은 프리드리히스루는 바르친보다 무려 10배나 넓었고 이것으로 비스마르크는 독일제국에서 가장 방대한 토지를 소유한 인물로 등장했다. 작위 수여와 그것에 따른 막대한 하사품 증정으로 비스마르크와 빌헬름 1세 사이의 소원한 관계는 이전의 상태로 복원되었다.

■ 마무리하면서

　프랑스에서 외교관으로 활동하던 비스마르크는 1860년대 초 군제 개혁을 단행하려던 국왕과 하원 사이에 충돌이 일어나자 그 해결사로 등장했다. 하원과의 충돌을 나름대로의 방식인 '철혈정책'으로 해결한 비스마르크는 프로이센의 실세로 등장했고, 점차 독일 통일을 실현하려는 의지도 밝혔다. 여기서 그는 독일권에서 프로이센과 오스트리아의 이익을 상호 보장하는 양강 구도를 지향했지만, 오스트리아의 반대로 실현되지 못했다. 이에 따라 비스마르크는 오스트리아를 배제한 소독일주의 원칙에 따른 독일 통일을 모색했지만, 빈 정부는 그것도 동의하지 않았다. 당시 빈 정부는 오스트리아의 전 영토가 포함된 오스트리아적 대독일주의를 지향했는데 이것은 프랑크푸르트 국민의회에서 대독일주의의 대안으로 제시되었다.

　이러한 상황에서 비스마르크는 독일 통일의 걸림돌로 부각한 요소들, 즉 오스트리아와 프랑스를 제거하려고 했고 그 과정에서 통일전쟁도 수행했다. 우선 그는 1866년 오스트리아와 형제전쟁을 치렀고 거기서 승리를 거두었다. 이 전쟁에서 패한 오스트리아는 독일권에서 강제로 축출되었고, 독일연방 체제 대신 북독일연방 체제가 출범했다. 형제전쟁에서 승리한 비스마르크는 또 하나의 저해 요인이었던 프랑스마저 굴복시킨 후, 1871년 1월 18일 독일제국을 탄생시켰다.

독일 통일을 언급하면서 우리는 비스마르크뿐만 아니라 오스트리아 정치가인 메테르니히도 거론하게 되는데 그것은 이들 두 사람이 통일 과정에서 대칭 인물로 등장했기 때문이다. 메테르니히는 독일 통일보다 독일권에서의 우위권 견지를 통해 오스트리아의 존속과 국제적 위상 증대에 관심을 보인 현실 정치가였다. 비스마르크 역시 메테르니히와 같은 현실 정치가로 간주되는데, 그것은 그가 지향한 소독일주의 원칙에 따른 독일 통일에서 장애 요인으로 드러난 오스트리아와 프랑스를 제압해야만 통일 구현이 가능하다고 판단했기 때문이다. 여기서 비스마르크는 독일 통일 전쟁을 통해 탄생한 독일제국의 국제적 위상을 증대시키려 했지만, 메테르니히는 독일 연방에서의 주도권 견지를 통해 통일 독일 국가가 아닌 오스트리아의 위상만을 굳건히 하려 했다는 차이점도 확인된다. 이에 따라 메테르니히는 독일 통일을 저해하는 인물로 간주되었지만, 비스마르크는 독일 통일의 주역으로 평가되고 있다.

그런데 비스마르크는 자신이 추진한 정책의 모델이었던 프리드리히 2세와 마찬가지로 문제 해결을 위해 전쟁이라는 방법을 활용했다. 프리드리히 2세는 슐레지엔 지방 획득에 걸림돌로 간주된 오스트리아와 1740년 전쟁을 치렀고, 비스마르크 역시 독일 통일의 저해 요인이었던 오스트리아 및 프랑스와의 전쟁을 통해 독일 통일을 구현했다. 여기서 두 사람은 정통성이 결여된 방법, 즉 전쟁을 활용했고 이로 인해 많은 부작용 또는 후유증도 경험해야만 했다.

신생 독일제국이 탄생한 이후, 즉 1871년 이후 비스마르크는 유럽에서의 평화 유지를 자신이 펼치는 외교정책의 근간으로 제시했다. 따라서 비스마르크는 '예방전쟁(Präventivkrieg)', 곧 적의 공격이 예상된다고 해서 가하는 선제공격을 1870년 이전처럼 철저히 거부했다. 당시 그는 이러한 관점을 많이 피력했고, 1871년 1월 11일 제국의회 연설에서도 다시금 거론했다. 즉 비스마르크는 "나중에 불가피해지지 않겠냐는 예상에서 치르는 전쟁, 나중에 불리한 상황에서 싸워야 하는 것은 아니겠느냐는 우려에서 치르는 전쟁은 나의 관점과 다르므로 언제나 철저히 거부해 왔다. 또한 나는 전쟁을 치러야 하지 않겠냐는 생각으로 전쟁을 유도하는 충고도 절대로 수용하지 않는다."라고 언급했다.

이런 맥락에서 비스마르크는 자신의 또 다른 확신을 부각하기도 했다. 그의 관점에 따르면, 전쟁이 일어날 수 있는 불안은 전쟁이 쉬워 보일 때 커지며, 전쟁이 어려워 보인다면 그 불안은 사라진다는 것이다. 한 국가의 국력이 강하면 강할수록, 그만큼 전쟁 역시 일어나기 어렵다는 것이다. 실제로 기회가 주어질 때마다 비스마르크는 자신의 관점을 표출하는 데 주저하지 않았다. 그는 언제라도 전쟁할 각오를 보일 때 평화를 지킬 수 있다고 했다. 칼을 뽑을 수 있게 칼집을 풀어둔 사람에게는 쉽게 공격할 수 없지만 벽에 확실하게 걸어둔 연습용 칼을 두려워할 사람은 없다는 것이, 독일 재상의 관점이었다. 이런 이유에서 독일제국이 충분한 군사력을 갖추는 것은 절대적으로 필요했다. 따라서 제국이 충분히 강한 힘을 갖춘 후 예방전쟁을 거부하는 자세야말로 비스마르크가 지향하던 평화 정책의 기본적 골격이었다.

비스마르크는 예방전쟁이 가시화되는 것을 차단하기 위해 프랑스의 고립화 정책을 1871년부터 지속적으로 추구했는데 이것은 자신이 재상에서 물러날 때까지 견지했다. 여기서 그는 프랑스가 독자적으로 독일을 공격할 능력을 갖추지 못했기 때문에 반드시 동맹국이 필요하다는 판단 역시 했다. 아울러 비스마르크는 프랑스에서 공화정 체제가 유지되는 것을 지지했는데 그것은 이러한 정치 체제로 유럽에서 동맹국을 얻기 힘들다는 판단도 했기 때문이다. 그런데도 그는 프랑스의 잠재적 동맹국이 될 수 있는 러시아를 프랑스로부터 격리하는 데 가장 큰 관심을 보였다. 프랑스의 고립화

정책 추구로 비스마르크는 자신의 재임 동안 유럽의 강대국들과 전쟁을 하지 않았고 이에 따라 유럽 각국의 영역 역시 변하지 않았다.

많은 국가에서 명품 회사들은 코로나 사태 이후 재료나 인건비 인상 등을 빌미로 제품 가격을 올렸고 그 빈도 역시 이전보다 짧아지고 있다. 이제 이들 회사는 1년에 한두 번이 아니라 서너 번씩 올리면서 그들 상품이 계속 팔린다는 확신도 했다. 이것은 코로나 사태 이후 너무나 많은 돈이 시중에 풀렸고 그것으로 인해 물가 상승에 대한 기대 심리 역시 증대된 데서 비롯된 것 같다. 아울러 코로나라는 특수한 상황에서, 위험 자산 투자를 통해 막대한 부를 축적한 신흥 부자들이 명품 소비를 위해 그들의 지갑을 손쉽게 열고 있다는 현실성 상황 역시 반영된 것 같다. 이러한 다소 비이성적 상황을 정확히 인지한 명품 회사들은 제품 가격을 인상하기 전에 한결같이 인상 예고도 하는데 그것은 사람들에게 그들의 상품을 빨리 구매해야 한다는 암묵적인 압박도 발휘하기 때문이다. 실제로 명품 회사들은 매출을 증대하고 최대한의 이익을 얻기 위해 매년 서너 번씩 가격을 올리는데 그것은 부자들이 물건을 사지 않으면 명품 가치가 바로 사라진다는 확신에서 비롯된 것 같다. 여기서 만일 명품 가격을 인하한다면 매출을 올리고 제조 회사의 이익 역시 증대할 수 있으리라는 대안도 제시할 수 있지만 이것은 상품, 즉 명품이 지나치게 많이 팔리면 명품 가치 역시 상실하게 된다는 것이다. 그리고 부자들이 사지 않으면, 어느 순간부터 일반 소비자들도 지갑을 닫게 되는데, 그것은 부자들이 외면하는 평범한 브랜드로 바뀌게 되기 때문이다. 몇몇 명품 제조회사가 위에서 언급한 방법으로 시장에 접근했는데, 그 결과는 회사의 몰락이었다.

명품 회사들의 판매 전략에 대해 적지 않은 사람들이 불만을 토로하지만, 이들 역시 다른 구매자들과 마찬가지로 명품 회사의 의도대로 매장을 찾아 인상 전의 가격으로 상품을 구매하는 경우가 많은데 이것은 명품이 고가임에도 불구하고 누구나 갖고 싶어 하는 신변 장식품으로 자리 잡았기 때문이다.

이렇게 어떤 특정 상품이 가격이 비싸질수록 더 많이 팔리는 현상을 '베블런 효과'라 한다. 이것은 미국의 경제학자인 베블런(Thorstein Bunde Veblen)이 1899년 출간한 『유한계급론(The Theory of the Leisure Class)』에서 처음 제시한 단어이다. 베블런이 경제학자로 활동하던 시기 미국을 비롯한 서유럽에서는 산업화를 통해 생산의 효율성이 크게 증대되었다. 이 과정에서 자연스럽게 엄청난 돈을 번 사람들이 등장했고 이들을 지칭하여 베블런은 유한계급, 즉 '한가롭게 노는 사람들'이라고 했다. 이렇게 벼락부자가 된 사람들이 어디에 어떻게 돈을 쓰는지를 살펴보고 쓴 책이 유한계급론이다. 베블런이 부자가 된 사람들의 소비 방식을 살펴보면서 기존의 경제학 이론과는 전혀 다른 모습, 즉 '과시적 소비(Conspicuous consumption)'가 등장한 것을 확인했다. 과시적 소비란 남들에게 보여주기 위해 상품을 구매하는 것인데 품질에 별다른 차이가 없어도 비싼 상품만을 구매하는 것이다. 여기서 확인되는 것은 소비 동기가 효율성이나 합리성이 아니라 단지 주변에서 표현하는 부러움과 시기, 질투, 사회적인 자의식 충족에서 비롯된다는 것이다. 따라서 벼락부자들은 그들의 재력을 더 과시하기 위해 더욱 비싼 물건만을 찾게 된다.

자랑하고 싶어 물건을 사는 것은 아무런 문제가 없다. 그것은 인간의 기본적 속성 중의 하나인 소유욕에서 비롯되기 때문이다. 그런데 베블런이 우려한 것은 모방적 소비였다. 부자가 아닌 사람들, 즉 경제적으로 능력 없는 사람들마저도 부자와 똑같은 제품을 구매하고 싶어 한다는 것이다. 그리고 시간이 지나면서 가격이 비싼 상품, 즉 명품 구매가 사회 전반으로 확산하는데 이것은 과시적 소비가 사회 전체의 일반적 소비로 변형되면서 지나친 소비 형태라는 문제점도 유발한다는 것이 베블런의 분석이었다. 이러한 베블런의 분석에 동의하지 않는 사람들도 많으리라 생각되는데 그것은 스스로 과시적 소비나 모방적 소비를 한다고 인식하는 사람들이 거의 없기 때문이다. 베블런은 자신의 저서에서 상층 계층의 두드러진 소비는 사회적 지위를 과시하기 위한 행위라고 정의했다. 그리고 여기서 부자가 아닌데도 부자처럼 소비하는 모순이 파생되고 그러한 모순을 추종하는 사회적 분위기 역시 조성된다는 것을 베블런이 지적했다.

명품을 선호하는 사회적 분위기 형성과 거기서 파생되는 문제점의 심각성에도 불구하고 명품 선호 성향은 중단되지 않고 오히려 세계 곳곳에서 심화하고 있다. 그 대표적인 일례로 우리나라가 제시되었는데 그것은 2023년 1월 12일 미국의 경제 뉴스 전문 방송인 CNBC 방송의 보도에서 확인할 수 있다. 이 방송은 투자은행 모건스탠리(Morgan Stanley)가 분석한 세계 각국의 명품 소비액을 보도했다. 그것에 따르면 한국인의 2022년 명품 구매액이 전년보다 24% 증가한 168억 달러(23조 5,000억 원)이고 이것을 1인당 지출액으로 환산하면 325달러(455,000원)에 달한다는 것이다. 전 세계에서 1위를 차지한 한국인의 1인당 구매액은 중국의 5.9배이고, 우리보다 국민소득이 거의 2배나 높은 미국의 280달러(392,000원)보다도 45달러(63,000원)나 많았다.

저변으로 급격히 확산하는 이러한 명품 선호 및 애착 현상은 명품을 판매하는 백화점 주변에 텐트를 설치하고 밤을 새우다가 다음 날 매장에 빨리 가서 명품을 사려는 사람들까지 나타나는 기이한 현상까지 초래하고 있다. 그리고 이러한 특이한 상황은 국내 언론은 물론 해외언론에서까지도 토픽으로 보도하고 있다.

일반적으로 소득 수준이 높아질수록 명품에 대한 선호도가 이전보다 훨씬 높아지지만, 우리나라에서는 그 도가 지나친 것 같다. 이러한 것은 명품을 통해 사회적 신분이 자동으로 업그레이드된다는 왜곡된 인식에서 비롯되었다. 실제로 모건스탠리는 지나칠 정도의 명품 선호도가 "사회적 지위를 외적 치장을 통해 과시하려는 욕구"에서 비롯된 것을 지적했다. 그런데도 명품으로 치장하면, 사회적 신분이 자동으로 업그레이드된다는 우리나라 특유의 사회적 분위기 역시 선호도 급증에 크게 이바지한 것 같다. 최근의 한 방송에서 명품 선호도에 대한 급증 현상에서 비롯된 웃지 못할 상황까지 보도했는데 그것에 따르면 명품을 구매할 능력이 없는 경우 명품 대신 이것을 포장한 상자나 백을 정상가의 서너 배나 비싼 가격으로 사 들여서 집 안 곳곳에 전시하는 젊은이들이 늘어나고 있다는 것이다. 이를 통해 다시금 명품에 대한 집착욕과 그것을 묵인하는 사회적 현상을 다시금 생각하지만, 그것을 효율적으로 치유할 방법 역시 없다는 것에 씁쓸할 뿐이다.

이렇게 명품에 대해 이야기한 것은 많은 사람이 선호하는 명품이라는 단어를 정치가들에게도 적용할 수 있다고 생각했기 때문이다. 일반적으로 한 정치가가 자신에게 주어진 정치적 과제나 책임을 올바르게 수행하거나 동시대 다른 정치가들의 본보기가 될 때, 그에게 명품 정치가라는 명칭을 부여할 수 있을 것이다. 여기서 우리는 비스마르크를 명품 정치가의 반열에 올려놓을 수 있느냐는 질문을 던질 수 있고 거기서 "그렇다"라는 답변도 할 수 있다. 그것은 그가 자신에게 주어진 과제, 독일 통일에 필요한 정책이 무엇인지를 정확히 파악하고 그것에 맞는 최상의 해결책도 사용했기 때문이다. 물론 보는 관점에 따라 비스마르크를 명품 정치가로 인정하지 않으려는 세력, 즉 다수 독일인의 바람인 평화적 방법보다 무력적 방법을 통해 독일 통일을 구현한 비스마르크를 부정적으로 보고 있는 세력 역시 적지 않다는 것을 직시해야 하고, 그들의 관점 역시 존중해야 할 것이다.

여기서 우리는 "많은 국가에서 활동을 펼치고 있는 많은 정치가 중에서 명품 정치가의 범주에 포함되는 정치가들이 과연 얼마나 될까?" 하는 질문도 던질 수 있지만, 이러한 범주에 드는 정치가들이 아쉽게도 많지 않다는 것 역시 쉽게 확인할 수 있다. 명품 정치가들을 많이 배출한 국가는 그렇지 않은 국가들보다 사회적 안정 및 경제적 활성화에서 우위를 차지한 후 국가의 위상 증대도 실현했다. 아울러 이를 통해 사회 구성원 역시 보다 안정되고, 번영된 사회에서 살았는데, 이는 역사에서뿐만 아니라 오늘날 일부 국가에서도 그 실례를 쉽게 찾을 수 있다.

명품을 소유하는 것은 개인적 만족과 주변의 시기나 부러움을 유발하는 효과를 가지지만, 명품 정치가를 소유한 국가는 국가의 밝은 미래와 발전을 기대할 수 있다. 이를 통해 우리는 명품 소유보다는 비스마르크 같은 명품 정치가를 배출할 수 있는 사회, 즉 공정과 상식이 주류로 자리 잡는 사회를 구현해야 할 것이다. 그렇게 한다면 국가의 위상은 이전보다 업그레이드될 것이다.

■ 참고문헌

Althammer, Beate, *Das Bismarckreich 1871-1890*, Seminarbuch Geschichte(Paderborn-München-Wien-Zürich, 2009).

Angelow, Jürgen, *Von Wien nach Königgrätz, Die Sicherheitspolitik des Deutschen Bundes im europäischen Gleichgewicht(1815-1866)*(München, 1996).

Beck, Ulrich, *Deutsches Europas*(Berlin, 2012).

Becker, Frank, *Bilder von Krieg und Nation, Die Einigungskriege in der bürgerlichen Öffentlichkeit 1864-1913*(München, 2001).

Bendikowski, Tillmann, *1870/71, Der Mythos von der deutschen Einheit*(München, 2020).

Bleibtreu, Karl, *Schlacht von Königgrätz am 3, Juli 1866*(Bad Langensalza, 2006).

Böhme, Helmut, *Deutschlands Weg zur Großmacht, Studien zum Verhältnis von Wirtschaft und Staat während der Reichsgründungszeit 1848-1881*(Köln, 1972).

Borner, Karl Heinz, *Die Krise der preußischen Monarchie von 1858-1862*(Berlin, 1976).

Brandt, Harm-Hinrich, *Deutsche Geschichte 1850-1870, Entscheidung über die Nation*(Stuttgart, 1999).

Brandt, Hartwig, *Europa 1815-1850, Reaktion-Konstitution-Revolution*(Stuttgart, 2002).

Bremm, Klaus-Jürgen, *1866, Bismarcks Krieg gegen die Habsburger* (Darmstadt, 2016).

――――, *70/71 Preußens Triumph über Frankreich und die Folgen* (Darmstadt, 2019).

Bridge, Francis Roy, *The Habsburg Monarchy among the Great Powers, 1815-1918*(New York-Oxford-München, 1990).

Brose, Eric Dorn, *German History 1789-1871, From the Holy Empire to the Bismarckian Reich*(Providence,1 997).

Clark, Christopher, *Preußen, Aufstieg und Niedergang 1600-1947*(Bonn, 2007).

Craig, Gordon A., *Königgrätz-eine Schlacht macht Weltgeschichte*(München, 1987).

──────────, *Deutsche Geschichte 1866-1945, Vom Norddeutschen Bund bis zum Ende des Dritten Reiches*(München, 1989).

Dittrich, Jochen, *Bismarck, Frankreich und die spanische Thronkandidatur der Hohenzollern, Die 'Kriegsschuldfrage' von 1870*(München, 1970).

Doering-Manteuffel, Anselm, *Die deutsche Frage und das europäische Staatensystem 1815-1871*(München, 1993).

Ehlers, Joachim, *Die Entstehung des deutschen Reiches*(Oldenbourg- München, 2010).

Epkenhans, Michael, *Der Deutsch-Französische Krieg(=Kriege der Moderne)*(Stuttgart, 2020).

──────────, *Die Reichsgründung 1870/71*(München, 2020).

Erbe, Michael, *Die Habsburger 1493-1918, Eine Dynastie im Reich und in Europa* (Stuttgart-Berlin-Köln, 2000).

Epkenhans(Ed.), *Otto von Bismarck, Ausbruch in die Moderne*(München, 2015).

Gall, Lothar, *Europa auf dem Weg in die Moderne 1850-1890*(München, 1989).

Görtemaker, Manfred, *Geschichte Europas 1850-1918*(Stuttgart, 2002).

Gruner, Wolf, *Die deutsche Frage in Europa 1800-1990*(München, 1993).

Heidenreich, Bernd(Ed.), *Bismarck und die Deutschen*(Berlin, 2005).

Herre, Franz, *Anno 70/71, Der Deutsch-Französische Krieg*(Köln- Berlin, 1979).

Hess, Adalbert, *Das Parlament, das Bismarck widerstrebte, Zur Politik und sozialen Zusammensetzung des preußischen Abgeordnetenhauses Konfliktzeit(1862-1866)* (Köln-Opladen, 1964).

Hildebrandt, Klaus, *Das vergangene Reich, Deutsche Außenpolitik von Bismarck bis Hitler 1871-1945*(Stuttgart, 1995).

Howard, Michael, *The Franco-Prussian War, The German Invasion of France 1870/71*(New York, 1990).

Karenbach, Andreas, *Bismarcks Konzepte zur Reform des Deutschen Bundes,*

       Zur Kontinuität der Politik Bismarcks und Preußens in der deutschen Frage(Göttingen, 1991).

Kocha, Jürgen, *Das lange 19, Jahrhundert*(Stuttgart, 2003).

Kolb, Eberhard, *Der Kriegsausbruch 1870, Politische Entscheidungsprozesse und Verantwortlichkeiten in der Julikrise 1870*(Göttingen, 1970).

―――――(Ed.), *Europa und Reichsgründung, Preußen-Deutschland in der Sicht der großen Europäischen Mächte 1860-1880*(München, 1980).

―――――, *Großpreußen und Kleindeutschland Zu Bismarcks deutscher Politik im Reichsgründungsjahrzehnt*, in:Kunisch, Johannes, *Bismarck und seine Zeit*(Berlin, 1992).

Loth, Wilfried, *Das Kaiserreich, Obrigkeitsstaat und politische Mobilisierung*(München, 1997).

Lutz, Heinrich, *Österreich-Ungarn und die Gründung des Deutschen Reiches, Europäische Entscheidungen 1867-1871*(Berlin, 1979).

Lutz, Heinrich, *Zwischen Habsburg und Preußen, Deutschland 1815-1866*(Berlin, 1985).

Mehrkens, Heidi, *Statuswechsel, Kriegserfahrung und nationale Wahrnehmung im Deutsch-Französischen Krie 1870/71*(Essen, 2008).

Mommsen, Wolfgang J., *Das Ringen um den nationalen Staat, Die Gründung und der innere Ausbau des Deutschen Reiches unter Otto von Bismarck 1850-1890*(Berlin, 1993). Mosse, W, E., *The European Powers and the German Question 1848-1871*(London, 1958).

Müller, Jürgen, *Der Deutsche Bund 1815-1866*(München, 2006).

Neugebauer,Wolfgang, *Die Hohenzollern*(Stuttgart, 2007).

―――――, *Die Geschichte Preußens, Von den Anfängen bis 1947*(München, 2009).

Nipperdey, Thomas, *Deutsche Geschichte 1800-1866*(München, 1983).

―――――, *Deutsche Geschichte 1866-1918, Machtstaat vor der Demokratie*(München, 1992).

Ohff, Hainz, *Preußens Könige*(München, 2016).

Oppermann, Jochen, *Der Deutsch-Französische Krieg 1870/71*(Wiesbaden, 2020).

Ortenburg, Georg, *Waffen der Einigungskriege 1848-1871*(Bechtermünz, 2005).

Pieper, Dietmar/Saltzwedel, Johannes(Ed.), *Die Welt der Habsburger, Glanz und Tragik eines europäischen Herrscherhauses*(München, 2010).

Pollmann, Klaus-Erich, *Parlamentarismus im Norddeutschen Bund 1867-1870* (Düsseldorf, 1985).

Rose, Andreas, *Deutsche Außenpolitik in der Ära Bismarck(1862-1890)*(Darmstadt, 2013).

Schieder, Theodor, *Vom Deutschen Bund zum Deutschen Reich 1815-1871*(München, 1981).

──────────, *Das Deutsche Kaiserreich von 1871 als Nationalstaat*(Göttingen, 1992).

Schlie, Ulrich, *Das Duell, Der Kampf zwischen Habsburg und Preußen um Deutschland*(Berlin, 2013).

Schulz, Matthias, *Das 19, Jahrhundert(1789-1914)*(Stuttgart, 2011).

Showalter, Dennis, *The Wars of German Unification*(London, 2004).

Siemann, Wolfram, *Vom Staatenbund zum Bundesstaat:Deutschland 1806-1871* (München, 1995).

Simms, Berndas, *Kampf um Vorherrschaft, Eine deutsche Geschichte Europas 1453 bis heute*(München, 2016).

Sternburg, Wilhelm von, *Die deutschen Kanzler*(Berlin, 2007).

Stürmer, Michael, *Das ruhelose Reich, Deutschland 1866-1918*(Berlin, 1994).

Taylor, Alan John Percivale, *Bismarck, The Man and the Statesman*(London, 1955).

Vogt, Martin, *Deutsche Geschichte, Von den Anfängen bis zur Gegenwart*(Frankfurt, 2002).

Warwo, Geoffrey, *The Austro-Prussian War, Austria's war with Prussia and Italy in 1866*(Cambridge, 1996).

──────────, *The Franco-Prussian War, The German Conquest of France in 1870-1871*(Cambridge, 2003).

Wehler, Hans-Ulrich, *Krisenherde des Kaiserreichs 1871-1918*(Göttingen, 1979).

──────────, *Das Deutsche Kaiserreich*(Göttingen, 1977).

Wetzel, David, *A Duel of Giants, Bismarck, Napoleon III, and the Origins of the Franco-*

Prussian War(Madison, 2001).

Wihlelm, Rolf, *Das Verhältnis der süddeutschen Staaten zum Norddeutschen Bund 1860-1870*(Husum, 1978).

Winkler, Heinrich August, *Der lange Weg nach Westen, Deutsche Geschichte 1806-1933*(Bonn, 2003).

Zechlin, Egmont, *Bismarck und die Grundlegung der deutschen Großmacht*(Darmstadt, 1960).

―――――, *Die deutsche Einheitsbewegung*(Frankfurt, 1967).

Zimmer, Franz, *Bismarcks Kampf gegen Kaiser Franz Joseph, Königgrätz und seine Folgen*(Köln, 1996)

■ 찾아보기

ㄱ

가게른(Heinrich v. Gagern) 14, 18
결함이론 67
고르차코프(Aleksandor Mikhailovich Gorchakov) 98
고보네 조약 104
군합국가 151
그라몽(Antoine Alfred Agenor de Gramont) 171, 174, 176, 189

ㄴ

나폴레옹 3세 56, 100, 131, 153, 162, 163, 166, 183, 189, 195
니엘(Niel) 188
니콜라이 1세 28, 37
니콜스부르크 예비 평화조약 133

ㄷ

대독일주의 20
독일진보당 51, 68

ㄹ

라도비츠(Joseph v. Radowitz) 23, 37
레오폴트(Leopold) 170, 173
로겐바흐(Franz Freiherr v. Roggenbach) 165
루게(Arnold Ruge) 184
루트비히 2세 209, 217
룬(Albrecht v. Roon) 47, 48
르부프(Edmond Lebouef) 188

ㅁ

마크마옹(Patrice Maurice de MacMahon) 193
메테르니히 69
멘스도르프-푸일리(Alexander Mensdorff-Pouilly) 93, 94
몰트케(Helmuth Graf v. Moltke) 47, 79, 103, 199

ㅂ

바른뷜러(Karl v. Varnbüler) 187

바트 가슈타인 협정 96
베네데티(Vincent Benedetti) 153, 177, 179
베벨(August Bebel) 108
보이스트(Friedrich Ferdinand v. Beust) 166, 189
부르셴샤프트 17, 184
북독일연방 209, 210
브라이-슈타인부르크 186
비스마르크(Otto v. Bismarck) 23, 53, 54, 63, 98, 195, 210
빈 평화조약 145
빌렘 3세(Willem III) 160
빌헬름 1세(Wilhelm I) 45, 47, 53, 59, 96, 213, 215

ㅅ

사도바 전투 153
삼국동맹(Triple-Entente gegen Preußen) 167
3왕 동맹체제 26
3월혁명 13, 28
소독일주의 20
슈바르첸베르크(Felix Fürst zu Schwarzenberg) 25, 29, 36
신시대 47, 50, 52
심손(Martin Eduard v. Simson) 184, 213

ㅇ

알렉산드르 2세(Aleksandr II) 98
알벤슬레벤 협정 106
에르푸르트 동맹체제 26
에마누엘레 2세 191
엠스 전보 182
연방집행권(Bundesexekution) 111
영방국가 13
올리비에(Emile Olivier) 167
요하나 60, 139, 141
요한(Erzherzog v. Johann) 대공 19
이사벨라 2세(Isabella Ⅱ) 169
이중체제 146

ㅈ

정합국가 151
제네바 협약 198
주간지 정당(Wochenblattpartei) 45

ㅊ

철과 피 65
철과 피(Eisen und Blut) 64

ㅋ

카를 1세 210
쾨니히그레츠 전투 121, 153
쿠스토차 전투 116
크리스티안 1세(Christian I) 28, 72

ㅌ

타텐-트리에글라프, 마리 폰(Marie v. Thadden-Trieglaff) 57, 141
트라우테나우 전투 121

ㅍ

팔라츠키(František Palacký) 129
페르난두 2세(Fernando II) 169
페르디난드 7세(Ferdinand VII) 169
프라하 평화조약 145, 153
프란츠 요제프 1세 27, 96, 189
프랑스-프로이센 전쟁 183
프랑크푸르트 국민의회 15, 18
프랑크푸르트 예비의회 13
프랑-티퇴르(Franc-tireurs) 197
프레데리크 7세(Frederick VII) 35, 73
프리드리히 빌헬름 4세(Friedrich Wilhelm IV) 22, 45, 61, 214
피시호프(Adolf Fischhof) 148

ㅎ

헝가리 혁명 27, 28
후장(소)총 126